Tanjev Schultz • Liane Rothenberger

Medien und Terrorismus

Tanjev Schultz
Journalistisches Seminar/Institut
für Publizistik
Johannes Gutenberg-
Universität Mainz
Mainz, Deutschland

Liane Rothenberger
Journalistisches Seminar/Institut
für Publizistik
Otto-Friedrich-
Universität Bamberg
Bamberg, Deutschland

ISSN 2625-1469
Medienwissen kompakt
ISBN 978-3-658-50953-8
https://doi.org/10.1007/978-3-658-50954-5

ISSN 2625-1477 (electronic)

ISBN 978-3-658-50954-5 (eBook)

Die Deutsche Nationalbibliothek verzeichnet diese Publikation in der Deutschen Nationalbibliografie; detaillierte bibliografische Daten sind im Internet über https://portal.dnb.de abrufbar.

Springer VS ist ein Imprint der eingetragenen Gesellschaft Springer Fachmedien Wiesbaden GmbH und ist ein Teil von Springer Nature.
Die Anschrift der Gesellschaft ist: Abraham-Lincoln-Str. 46, 65189 Wiesbaden, Germany

Wenn Sie dieses Produkt entsorgen, geben Sie das Papier bitte zum Recycling.

Medienwissen kompakt

Reihe herausgegeben von

Klaus Beck, Lehrstuhl für Kommunikationswissenschaft, Universität Greifswald, Greifswald, Deutschland

Gunter Reus, Hochschule für Musik, Theater & Medien Institut für Journalistik, Hannover, Deutschland

Die Reihe Medienwissen kompakt greift aktuelle Fragen rund um Medien, Kommunikation, Journalismus und Öffentlichkeit auf und beleuchtet sie in eingängiger und knapper Form aus der Sicht der Publizistik- und Kommunikationswissenschaft. Die Bände richten sich an interessierte Laien ohne spezielle Fachkenntnisse sowie an Studierende anderer Sozial- und Geisteswissenschaften. Ausgewiesene Experten geben fundierte Antworten und stellen Befunde ihres Forschungsgebietes vor. Das Besondere daran ist: Sie tun es in einer Sprache, die leicht, lebendig und jedermann verständlich sein soll. Mit einer möglichst alltagsnahen Darstellung folgen Herausgeber und Autoren dem alten publizistischen Ideal, möglichst alle Leser zu erreichen. Deshalb verzichten wir auch auf einige Standards „akademischen" Schreibens und folgen stattdessen journalistischen Standards: In den Bänden dieser Reihe finden sich weder Fußnoten mit Anmerkungen noch detaillierte Quellenbelege bei Zitaten und Verweisen. Wie im Qualitätsjournalismus üblich, sind alle Zitate und Quellen selbstverständlich geprüft und können jederzeit nachgewiesen werden. Doch tauchen Belege mit Band- und Seitenangaben um der leichten Lesbarkeit willen nur in Ausnahmefällen im Text auf.

Inhaltsverzeichnis

1

Einstieg: Anschläge zum Zuschauen

Seit dem 11. September 2001, als Männer der Terrorgruppe Al-Qaida in das World Trade Center in New York flogen und Tausende Menschen umbrachten, scheint sich die Welt in einem „Zeitalter des Terrorismus" zu befinden. Die Bilder von „9/11", wie das Datum (nicht nur) in den USA genannt wird, haben sich in das Gedächtnis vieler Menschen eingebrannt.

Terroristen wollen eine Wirkung erzielen, die über die unmittelbaren Opfer hinausreicht. Eine religiöse, nationalistische oder anderweitig politische Motivation treibt sie an. Terroristische Angriffe richten sich gegen die Institutionen und Werte einer Gesellschaft. Das Ziel der Täter ist es, Angst und Schrecken zu verbreiten und die sozialen und politischen Verhältnisse grundlegend zu verändern – allerdings haben die Terrorgruppen meist keinen Plan, wie sie ihre Ziele dann auch konkret umsetzen würden. Terroristen setzen auf das Androhen und Anwenden von Gewalt, auf die Kraft der Bilder und die Macht der Medien, seien es die sogenannten Massenmedien oder eigene Kanäle, beispielsweise in den sozialen Netzwerken.

Auch wenn 9/11 eine Zäsur markiert, existiert Terrorismus seit langer Zeit. Bereits vor der Jahrtausendwende gab es viele Anlässe, über Terrorismus zu berichten – in den 1970er- und 1980er-Jahren über die Blutspur der „Roten

© Der/die Autor(en), exklusiv lizenziert an Springer Fachmedien Wiesbaden GmbH, ein Teil von Springer Nature 2026
T. Schultz, L. Rothenberger, *Medien und Terrorismus*, Medienwissen kompakt, https://doi.org/10.1007/978-3-658-50954-5_1

Armee Fraktion" (RAF) in Deutschland oder über die Aktionen der „(Provisional) Irish Republican Army" ([P]IRA) in Großbritannien. Schon damals spielten die Medien im Kalkül dieser Gruppen eine wichtige Rolle. Zeitungen und Fernsehsender übertrugen den Terror in die Küchen und Wohnzimmer der Menschen und vermittelten ein Gefühl von Unsicherheit und Angst.

In diesem Buch verstehen wir Terrorismus im Einklang mit der politik- und kommunikationswissenschaftlichen Forschung als eine besondere Form der gewaltbehafteten Kommunikation: Mit ihren Taten wollen Terroristen bestimmte Reaktionen provozieren; dafür sind sie auf öffentliche Wahrnehmung und somit auf die Medien angewiesen. Neben den klassischen Massenmedien, die oft intensiv über Anschläge berichten, steht ihnen dafür in der digitalen Ära das Internet zur Verfügung. Dort können Terroristen ihre Propaganda selbst verbreiten. Bereits im 19. Jahrhundert griffen sie auf Flugblätter und Plakate zurück, um ihre Anliegen kundzutun.

Als am 7. Oktober 2023 Kämpfer der palästinensischen Hamas in Israel ein Blutbad anrichteten, mehr als tausend Menschen töteten oder entführten, stellten sie von diesem Überfall sogleich Fotos und Videos ins Netz. Die Bilder der Gräueltaten, die sich schnell über den Globus verbreiteten, waren kaum zu ertragen, aber in der Logik der Terroristen erfüllten sie ihren Zweck: Israel und die ganze Welt sollten sehen, wozu die Hamas fähig war – und wie wehrlos der israelische Staat bei diesem Angriff wirkte. Einem Staat seine Machtlosigkeit zu demonstrieren und alle anderen dabei zusehen zu lassen, ist ein wichtiges Ziel terroristischer Anschläge. Durch Gegenschläge versucht der angegriffene Staat, sich wieder als stark und handlungsmächtig zu präsentieren.

Das Beispiel führt nicht nur die große Bedeutung vor Augen, die das Internet und Social-Media-Plattformen für den Terrorismus der Gegenwart haben. Es legt auch die Frage nahe, wie sich Medien in ihrer Berichterstattung, aber auch alle Menschen in ihrer Mediennutzung verhalten sollten. Das Verhältnis von Terrorismus und Medien lässt sich empirisch untersuchen und normativ diskutieren: Wie sehen mediale Beiträge aus, welche Effekte haben sie – und wie *sollten* sie aussehen? Das führt zu einer ethischen Reflexion. Jeder Mensch, jeder Staat und jede Redaktion trägt Verantwortung für die eigene Kommunikation – sowohl als Sender als auch als Empfänger. Was bedeutet das für den Umgang mit Terrorismus?

Die Schwierigkeiten beginnen bereits beim Begriff. Wer als „Terrorist" zu bezeichnen ist, scheint Ansichtssache zu sein: In Diktaturen und autoritär regierten Staaten werden Oppositionelle häufig unter „Terrorverdacht" gestellt. So wurden in der Türkei unter Präsident Recep Tayyip Erdoğan auch kritische Journalistinnen und Journalisten schon als angebliche Terroristen verfolgt. Beim Begriff „Terrorist" handelt sich um eine Fremdzuschreibung, ein Label oder Etikett, das zur Abwertung dient – und missbraucht werden kann, um repressive Maßnahmen zu rechtfertigen und sich nicht an rechtsstaatliche Prinzipien gebunden zu fühlen. Terroristen, das sind immer die anderen. Kaum jemand wird sich selbst so bezeichnen, stattdessen lieber als Aufständischen, Rebellen oder Revolutionär. Daran erinnert die populäre Redewendung „One man's terrorist is another man's freedom fighter."

„Des einen Terroristen ist des anderen Freiheitskämpfer." Offensichtlich sind bereits die Definition und erst recht die Zuschreibung von Terrorismus eine komplizierte und höchst politische Angelegenheit. Dies zeigt sich auch daran, dass unterschiedliche politische Stellen wie die Europäische

Union oder das U.S. Department of State Listen mit Terrorgruppen anlegen, von denen die Gruppen aber auch wieder heruntergenommen werden können. Zudem gibt es früher als Terroristen bekannte Personen, die später für vermittelnde Aktivitäten gewürdigt und sogar mit dem Friedensnobelpreis ausgezeichnet wurden, wie Jassir Arafat, der ehemalige Vorsitzender der PLO („Palestine Liberation Front").

Die BBC – der öffentlich-rechtliche Rundfunk Großbritanniens – hat die Hamas-Kämpfer, die Israel überfielen, bewusst nicht als Terroristen bezeichnet. Terrorismus sei ein „loaded word", ein politisch und moralisch aufgeladener Begriff, den die BBC vermeiden wolle, hieß es zur Begründung. Es sei schlicht nicht der Job von Journalisten, den Leuten zu sagen, wen sie unterstützen und wen sie verdammen sollten, wer die Guten und die Bösen seien. Doch geht das? Kann überhaupt jemand neutral sein im Angesicht eines brutalen Anschlags? Auch andere Begriffe, an denen die Medien kaum vorbeikommen, sind politisch, moralisch oder juristisch aufgeladen, zum Beispiel „Überfall", „Folter", „Mörder", „Opfer" oder auch so große Begriffe wie „Demokratie" und „Freiheit".

Die BBC ist für ihre Entscheidung von einigen kritisiert, von anderen gelobt worden. Anders als sie hatten viele deutsche Medien keine Bedenken, die Hamas eine „Terrororganisation" zu nennen, wie dies auch die Europäische Union tat, während die UN auf eine solche Einstufung verzichtet hat. Die deutschen Medien zogen damit ebenfalls Kritik auf sich. So wurde ihnen von mancher Seite der Vorwurf gemacht, die militärische Reaktion Israels auf den Hamas-Überfall und das flächendeckende Bombardement des Gaza-Streifens nicht angemessen darzustellen und nicht ausreichend zu verurteilen. Der Streit darüber entzündete sich allerdings weniger am Begriff des Terrorismus, mehr am Vorwurf von Kriegsverbrechen und des versuchten Völkermords, den die israelische Regierung aus Sicht vieler Kritiker begangen habe.

In der Alltagssprache wird das Wort „Terror" manchmal für vergleichsweise harmlose Vorgänge verwendet. Dann ist zum Beispiel von „Notenterror" die Rede, wenn Studierende darüber stöhnen, dass sie zu oft und zu hart bewertet werden. Oder von „Gute-Laune-Terror", wenn die Moderatoren im Frühstücksradio einem Morgenmuffel zu fröhlich und aufgekratzt erscheinen. In diesem Buch geht es dagegen um etwas sehr Ernstes: um systematischen Terror durch die strategische Inszenierung von Gewalt. Terroristen nutzen Anschläge als Mittel für ihre weltanschaulichen Ziele und nehmen Tote, Verletzte und Traumatisierte in Kauf. So wird aus dem Terror ein „Ismus". Für die Terroristen ist dieses Vorgehen ein Mittel, das in der kurzfristigen Wirksamkeit über alle anderen Mittel wie Diplomatie und Demonstrationen hinausgeht.

2

Aufbau des Bandes

Dass es gar nicht so einfach ist, präzise zu bestimmen, was Terrorismus eigentlich ist, hat die Einleitung bereits betont. Im *dritten Kapitel* werden wir uns dieser Herausforderung weiter widmen, gängige Definitionen vorstellen und den Zusammenhang von Terrorismus und (medialer) Kommunikation vertiefen. Wir beschreiben Merkmale von Terrorismus und differenzieren nach Formen und weltanschaulichen Richtungen. So gelangen wir zu den Terrorgruppen und einzelnen Terroristen, auch „Lone Wolves", also einsame Wölfe, genannt, als Akteuren. Wie diese kommunizieren und Medien einsetzen, ist Thema des *vierten Kapitels*. Beispielhaft gehen wir auf die Medienstrategie mehrerer Gruppen ein, wie der linksterroristischen RAF, des rechtsterroristischen NSU und des dschihadistischen IS.

Das *fünfte Kapitel* stellt Merkmale und Eigenheiten der Berichterstattung über Terrorismus vor. Es erläutert den hohen Nachrichtenwert, den Anschläge haben, und zeigt, wie schwierig es ist, über Terrorismus journalistisch zu berichten, wann Berichterstattung eingeschränkt wurde und was diese Verbote (nicht) bewirkt haben. Wir präsentieren wissenschaftliche Befunde zu den Merkmalen von Medienbeiträgen und diskutieren etwaige Defizite der Berichterstattung. Wir gehen außerdem auf die „Sozialen Medien"

© Der/die Autor(en), exklusiv lizenziert an Springer Fachmedien Wiesbaden GmbH, ein Teil von Springer Nature 2026
T. Schultz, L. Rothenberger, *Medien und Terrorismus*, Medienwissen kompakt, https://doi.org/10.1007/978-3-658-50954-5_2

und die dort ablaufende Kommunikation über Terrorismus ein. Hervorgehoben wird die Macht visueller Darstellungen.

Wie sich mediale Beiträge und Darstellungen auswirken und wie moralische und rechtliche Fehltritte geahndet werden, ist Thema des *sechsten Kapitels*. Dort sortieren wir die möglichen Effekte, indem wir unterschiedliche Akteure und Gesellschaftsbereiche identifizieren, auf die Terrorismus und die Berichterstattung über Terrorismus einen Einfluss haben können. Zudem erfahren Sie etwas über Konzepte und Theorien zur Medienwirkung, die sich auf das Thema „Terrorismus" anwenden lassen.

Im *siebten Kapitel* folgt eine Diskussion darüber, was die Gesellschaft und insbesondere professionelle Redaktionen, aber auch alle Bürgerinnen und Bürger tun können oder tun sollten, um ethisch angemessen über Terrorismus zu kommunizieren. Zu den Themen, die dafür wichtig sind, gehört die Frage, ob und wie Bilder und Namen sowie Bekennervideos von Terroristen veröffentlicht werden sollten, ohne ihnen eine Bühne zu bieten, und wie die Würde von Opfern geschützt werden kann. Das Kapitel stellt Vorgaben aus dem Pressekodex und anderen Regelwerken vor. Das Kapitel geht auch auf den Ansatz eines „konstruktiven Journalismus" ein. Ein Fazit sowie Literaturtipps und ein Glossar schließen den Band ab.

Bleibt zu Beginn noch die Frage zu klären, woher Wissenschaftlerinnen und Wissenschaftler eigentlich ihr Wissen zum Thema „Terrorismus und Medien" haben. Schauen wir uns mögliche Methoden an: Um beispielsweise herauszufinden, welchen moralischen Kompass Journalistinnen und Journalisten anwenden, kann man sie persönlich, postalisch, per E-Mail oder Online-Fragebogen befragen. Um zu sehen, wann und wie die Berichterstattung aus dem Ruder läuft, hilft ein Blick in die Beschwerdeliste beim Deutschen Presserat. Ein Großteil der Forschung beschäftigt sich mit medialen Inhalten. Dafür gibt es unterschiedliche Verfahren, die sich unter dem Begriff „Inhaltsanalyse" zusammenfassen lassen: Forscherinnen und Forscher können sich Texte und Bilder ganz genau und kleinteilig anschauen, um sie zu interpretieren, oder sehr große Textmengen mit Hilfe von Algorithmen durchsuchen. Es gibt sogar Algorithmen, die Texte danach einteilen können, ob sie eine positive oder negative Tonalität haben. Solche sogenannten „Sentiment-Analysen" lassen sich zum Beispiel einsetzen, um Nutzerkommentare zu untersuchen und ein Stimmungsbild zu erstellen.

Um mediale Verzerrungen zu erkennen, lässt sich die Berichterstattung mit „extra-medialen Daten" abgleichen, etwa mit einer Datenbank, in der Terrorattacken der ganzen Welt aufgelistet sind. Um zu erfahren, warum manche Redaktionen nur über bestimmte Anschläge berichten, viele andere hingegen ignoriert haben, lohnt sich wieder ein Gespräch mit den Journalistinnen und Journalisten, zum Beispiel in einer Gruppendiskussion. Wenn es die Redaktion erlaubt, kann man sie sogar direkt bei ihrer Arbeit beobachten und Diskussionen in Redaktionskonferenzen verfolgen. Natürlich lässt sich mit Inhaltsanalysen, Beobachtungen, Befragungen und Gruppendiskussionen auch die Kommunikation von anderen Stellen erforschen (Politikerreden, Polizei-Postings usw.).

Die Seite der Terroristen zu beforschen, ist wesentlich schwieriger. Es gibt zwar Studien, die zum Beispiel inhaftierte Terroristen interviewen, grundsätzlich sind Terroristen aber eher nicht zugänglich. In Studien können stattdessen Webseiten und Social-Media-Kanäle von Terrorgruppen ausgewertet werden.

Die Nutzung und Wirkung journalistischer Angebote lässt sich ebenfalls untersuchen: Menschen können aufgefordert werden, über ihre Mediennutzung Tagebuch zu führen. Es gibt auch Software, die installiert werden kann (selbstverständlich nur mit Einwilligung), um nachzuverfolgen, auf welchen Webseiten ein Nutzer unterwegs war. Experimente können Effekte wie Einstellungsänderungen aufdecken. Dabei misst man zum Beispiel mit einem Fragebogen bestimmte Einstellungen (zu einer Partei, zu einer ethnischen oder religiösen Gruppierung), bevor man den Teilnehmenden einen Film zeigt oder sie einen Artikel lesen lässt, um sie anschließend noch einmal zu befragen und mögliche Veränderungen zu erkennen.

Spannend ist es auch, persönlich Betroffene eines Anschlags zu befragen, wie sie die Berichterstattung wahrnehmen. Allerdings bedarf es hier umfassender ethischer Abwägungen, um Retraumatisierungen zu vermeiden. Da geht es den Forschenden nicht anders als den Journalistinnen und Journalisten. Auf die ethischen Anforderungen der Berichterstattung gehen wir an vielen Stellen des Buches und gesammelt noch einmal im siebten Kapitel ein. Nun beginnen wir erst einmal mit den Grundlagen und Definitionen von Terrorismus.

3

Terrorismus als Kommunikation

Wie eng Terrorismus mit öffentlicher Kommunikation zusammenhängt und wie wichtig Medien für Terroristen sind, lässt sich durch einen Vergleich mit gewöhnlichen Kriminellen klarmachen. Stellen wir uns einen Dieb vor, der eine Perlenkette aus einer Villa stiehlt. Das Beste, was ihm passieren könnte, wäre doch, wenn die Eigentümerin das Verbrechen gar nicht bemerken und sie stattdessen denken würde, sie habe die Kette verloren. Oder nehmen wir einen Mann, der jemanden aus Eifersucht erschlagen hat und die Leiche im Wald vergräbt. Auch er wird sich wohl nicht um öffentliche Aufmerksamkeit reißen. Ganz anders eine Terrorgruppe: Jagt sie das Gebäude einer Bank in die Luft, weil sie es für das Symbol eines Systems hält, das sie glaubt bekämpfen zu müssen, kommen der Gruppe öffentliche Reaktionen nicht nur gelegen. Die Terroristen haben ihre Aktion genau darauf angelegt. Sie wollen damit unbedingt in die Nachrichten kommen. Dazu zählt auch, dass sie großes Publikum suchen. Das finden sie meist in wichtigen Städten, wohingegen kriminelle Banden auch gerne in kleineren Orten Verbrechen begehen.

Das Wort „Terror" kommt aus dem Lateinischen und lässt sich mit „der Schrecken" übersetzen. Das Verb „terrere" bedeutet, jemanden zu erschrecken, in Schrecken zu versetzen, Furcht einzuflößen. Zum „Ismus" wird Terror,

T. Schultz, L. Rothenberger, *Medien und Terrorismus*, Medienwissen kompakt, https://doi.org/10.1007/978-3-658-50954-5_3

wenn er systematisch für politische, religiöse oder andere weltanschauliche Ziele eingesetzt wird. Solche politische Gewalt gibt es vermutlich so lange, wie es menschliche Gemeinschaften und Gesellschaften gibt. Wo sich militante Sekten und extremistische Gruppen bilden, ist es nicht mehr weit bis zum Terrorismus. Interessant ist beispielsweise die Geschichte der Assassinen im Vorderen Orient, einer islamischen Sekte, die im Mittelalter zahlreiche Anschläge verübte. Die Assassinen waren Spezialisten für politische Morde. Bis heute ist dieser Hintergrund im englischen Wort „assassin" (Attentäter, Mörder) konserviert.

Der Begriff „Terrorismus" taucht in populärer Verwendung erst später in der Geschichte auf: Der Politiker Maximilien de Robespierre bezeichnete die Schreckensherrschaft am Ende der Französischen Revolution in den Jahren 1793/94 als „régime de la terreur". Die Gegner der Revolution sollten eingeschüchtert, verfolgt und unterdrückt werden. Das Regime der Jakobiner setzte auf Gewalt im großen Stil, die Guillotine wurde ihr bevorzugtes Hinrichtungsinstrument. Was als Aufstand von unten begonnen hatte, um die Aristokraten vom Thron zu stoßen, verwandelte sich in einen Terror der neuen Herrscher – in eine Form von staatlichem Terrorismus. Auch für diesen war die öffentliche Inszenierung entscheidend: Spektakuläre Hinrichtungen sollten ein Zeichen setzen und die Feinde des Regimes abschrecken. Hätte es damals schon das Internet gegeben, hätten die Jakobiner es vermutlich gemacht wie die Terroristen des selbsternannten „Islamischen Staates" (IS), die Videos von Enthauptungen ins Netz hochgeladen haben.

Während Robespierre sich noch freimütig dazu bekannte, Terror auszuüben, würden wohl die wenigsten Diktatoren oder Terroristen heute von sich selbst behaupten, Terror zu verbreiten. Sie sehen oder geben sich als Kämpfer für eine angeblich gute Sache. „Terror" und „Terrorismus" sind als Begriffe mittlerweile eindeutig negativ besetzt, sie stehen für etwas Schlechtes und Verwerfliches. Wer von Terrorismus spricht, schreibt diesen Begriff anderen zu, nicht sich selbst. Wenn in den Medien über Terroristen berichtet wird, steckt dahinter eine Zuschreibung, die entweder von Journalistinnen und Journalisten oder von Akteuren aus der Politik, den Sicherheitsbehörden oder der Wissenschaft kommt. Oft besteht zwischen den Genannten sogar weitgehend Konsens, wer als Terrorist zu bezeichnen ist. Das Verständnis davon kann sich jedoch im Laufe der Zeit verändern – und mitunter ist es auch zu einem gegebenen Zeitpunkt umstritten. In der Einleitung haben wir schon auf das Beispiel der palästinensischen Hamas hingewiesen, die von vielen, aber nicht von allen Staaten und von vielen, aber nicht von allen Medien als Terrororganisation bezeichnet wird.

Ein Blick auf wissenschaftliche Definitionen kann solche Unterschiede und Auseinandersetzungen nur bedingt auflösen. Denn die Bezeichnung und Bewertung von Terrorismus hat stets etwas Politisches und Normatives. Wir betrachten nun, welche wesentlichen Merkmale und Formen von Terrorismus die Forschung identifiziert hat.

Hunderte Definitionen, wenige Grundmerkmale

Wir haben schon erwähnt, dass sich terroristische Aktivitäten unterscheiden von denen gewöhnlicher Krimineller, die sich beispielsweise durch Diebstahl oder Raub bereichern wollen. Sie unterscheiden sich auch von persönlichen Motiven, wie sie bei einem Eifersuchtsmord vorliegen. Die Terroristen kennen ihre Opfer fast nie persönlich. Für sie steht ein Mensch nicht als individueller Gegner da, sondern als Repräsentant für eine bestimmte Ethnie, Religion oder Lebensweise, die aus Sicht der Terroristen bekämpft werden muss. Terrorgruppen schützen sich vor dem Zugriff durch die Polizei oder die Geheimdienste, indem sie Anschläge verdeckt vorbereiten. Sie gehen konspirativ vor, man spricht in dem Zusammenhang auch oft vom „Untergrund". Sie tarnen sich, verschleiern ihre Identität, verwischen Spuren. Ihre Anschläge sollen den Staat und seine Sicherheitsorgane möglichst unvorbereitet treffen, dann aber von der Öffentlichkeit intensiv wahrgenommen werden.

Andere Definitionen heben dieses Merkmal des Terrorismus hervor, indem sie von überraschenden oder unvorhergesehenen Angriffen sprechen. Viele verweisen darauf, dass diese Angriffe oftmals Zivilpersonen treffen, die sich nicht wehren können. Es findet also meist kein Kampf zweier Parteien gegeneinander statt, wie das in offen geführten Kriegssituationen der Fall ist. Und häufig werden in den Definitionen allgemeine Angaben über die Motivation, den Zweck und die Strategie von Terroristen hinzugefügt: dass deren Anschläge oder Androhung von Gewalt dazu bestimmt seien, Angst und Schrecken auszulösen, den Staat zu destabilisieren und bestimmte politische Ziele zu erreichen. Politische Ziele können hier in einem weiten Sinne auch von religiösen oder ethno-nationalistischen Motiven und Ideologien herrühren.

Wenn wir hier über Terrorismusdefinitionen sprechen, ist es wichtig zu erwähnen, dass sie sich auf den sogenannten aufständischen Terrorismus beziehen, häufig als „Terrorismus von unten" bezeichnet, also ausgeübt von Personen, die nicht die Staatsgeschicke lenken. Es gibt auch einen „Terrorismus von oben": Staatsapparate, die Terror anwenden, um ihr Regime aufrechtzuhalten. Auf die Unterschiede gehen wir später genauer ein. Es ist nur wichtig, von Anfang an über diese zwei Arten der Terror-Ausübung Bescheid zu wissen.

Es existieren – der Terrorismusforscher Alex Peter Schmid hat das grob gezählt – 250 oder mehr Definitionen von Terrorismus, die mal länger, mal kürzer ausfallen. Trotz einiger Unterschiede tauchen bestimmte Grundelemente in fast allen Definitionen und auch in unserem Alltagsverständnis von Terrorismus auf. Dazu gehört die Vorstellung, dass für Terrorismus die Anwendung oder Androhung von Gewalt und das Erzeugen von Angst und Schrecken als strategische Mittel zentral sind. Es geht den Terroristen demnach um mehr als um die Menschen oder Institutionen, die direkt von einem Anschlag betroffen sind, beispielsweise von einem Sprengstoffattentat, das ein Gebäude zerstört und mehrere Personen tötet. Die Terroristen wollen die Gesellschaft, den Staat insgesamt treffen – und verändern. Deshalb suchen sie sich häufig symbolische Ziele, beispielsweise Gebäude, die „für etwas stehen" – ein Einkaufszentrum für Konsum und Hedonismus, eine Synagoge für jüdischen Glauben, eine Klinik für Abtreibungen usw. Terrorismus geschieht nicht spontan oder aus Zufall. Vielmehr – und das unterscheidet eine terroristische Tat von einem Amoklauf – handelt es sich um organisiertes Handeln, um Aktionen, die systematisch geplant und vorbereitet werden, typischerweise von Gruppen oder Organisationen, die über eine eigene Struktur verfügen. Sie halten ihre Taten für gerechtfertigt, um für eine aus ihrer Sicht wichtige Sache zu kämpfen.

Bis heute existiert keine einheitliche internationale Definition von Terrorismus, die von allen in Wissenschaft, Völkerrecht und Politik akzeptiert wird. So muss immer wieder neu verhandelt werden, ob eine konkrete Organisation mit ihren Mitgliedern beispielsweise von der EU, den USA oder den Vereinten Nationen auf eine sogenannte Terrorliste gesetzt wird. Wer auf so einer Liste steht, den treffen Sanktionen: Boykottmaßnahmen, das Einfrieren von

Vermögenswerten und Einschränkungen der Reisefreiheit. Durch meist langwierige juristische Verfahren ist es aber auch möglich, von so einer Liste wieder gestrichen zu werden.

Aus der umfangreichen wissenschaftlichen Literatur und aus den Klärungsversuchen juristischer und politischer Organe lassen sich, trotz Unterschieden in den Details, einige Grundmerkmale von Terrorismus ableiten, über die relativ große Einigkeit herrscht:

- Androhung und/oder Einsatz physischer Gewalt
- Verbreiten von Angst und Schrecken als strategische Mittel
- Terrorgruppen sind nicht staatlich legitimiert und operieren im Geheimen
- Politische Ziele auf der Basis politischer, religiöser, ethnonationalistischer oder anderer weltanschaulicher Überzeugungen und Ideologien
- Terrorgruppen verfügen nicht über eine massenhafte Mitgliederzahl
- Absichtlicher Bruch mit gesellschaftlichen Normen, Aufbegehren gegen eine bestehende Ordnung, Streben nach Systemveränderung
- Vorsätzliches, planvolles Vorgehen, das mit gesellschaftlicher, öffentlicher Wirkung rechnet und sowohl mediale als auch staatliche Reaktionen provozieren soll
- Auswahl symbolischer Ziele, die für die Sicherheitsbehörden und die Öffentlichkeit überraschend angegriffen werden
- Zivilisten (häufig als Repräsentanten bestimmter Ethnien oder Weltanschauungen) werden als Opfer ausgewählt oder in Kauf genommen; Attentate können sich auch gegen Repräsentanten des Staates oder des wirtschaftlichen Systems richten, beispielsweise gegen prominente Personen aus der Politik oder dem Wirtschaftsleben.

Für uns und dieses Buch ist der mediale Bezug terroristischer Aktivitäten besonders wichtig und hervorstechend, denn wir verstehen Terrorismus als gewaltbehaftete Kommunikation. Die meisten Menschen sind zum Glück keine Augenzeugen oder direkt Betroffene eines Attentats. Doch wenn Terroristen irgendwo zuschlagen, bekommen viele Menschen es durch die Medien mit. Die Taten wühlen die Öffentlichkeit auf. Genau das gehört zum Plan der Terroristen. Ein angeblich aus China stammendes Sprichwort dazu lautet: „Töte einen und lehre hundert das Fürchten."

Um zu existieren und seine destruktive Kraft zu entfalten, braucht Terrorismus die Öffentlichkeit. Osama bin Laden, der Al-Qaida-Anführer und Drahtzieher von 9/11, soll einmal gesagt haben, ein Radiosender sei wichtiger als eine Atombombe – so jedenfalls haben es Journalisten berichtet. Auch wenn diese Aussage übertrieben wirkt, macht sie klar, wie wichtig die Medien für Terroristen sind.

Terroristische Gewalt hat eine kommunikative Komponente. Sie ist eine spezielle Form der politischen Kommunikation, wenn auch, wie sich wertend hinzufügen lässt, eine perverse Form. Einzelne Menschenleben werden für ein angeblich höheres Ziel ausgelöscht. Die Taten sollen zeigen, wozu die Terroristen fähig sind, sie sollen den Menschen und der Politik ihre Stärke und Macht zeigen und sie einschüchtern. Sie sind eine Kampfansage an die Gegner: an den Staat, an die Eliten, an Angehörige einer rivalisierenden Glaubensgemeinschaft oder Ethnie – und zugleich „Werbung" für die eigenen Anhänger und Sympathisanten.

Ein Viereck von Akteuren

Wir haben bereits einige Akteure, die am und im Prozess von terroristischen Aktivitäten und deren Auswirkungen beteiligt sind, kennengelernt. Abb. 3.1 systematisiert diese auf verschiedenen Ebenen: Da gibt es auf der sogenannten Mikro-Ebene die Individuen, die handeln, also ganz kon-

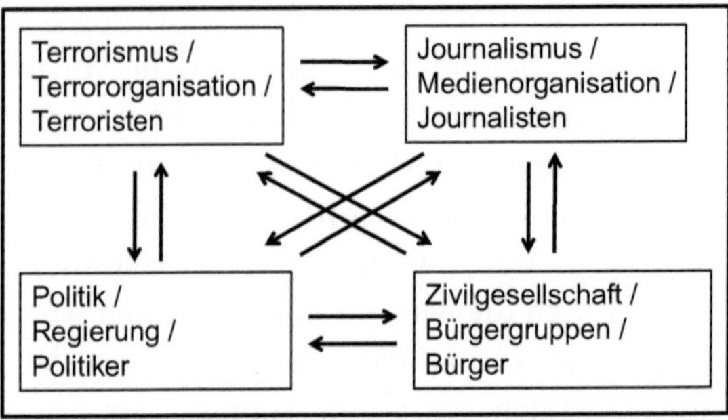

Abb. 3.1 Akteursviereck (Rothenberger, Liane (2021). Terrorismus als Kommunikation. Bestandsaufnahme, Erklärungen und Herausforderungen. Wiesbaden: Springer Nature, S. 89)

kret den oder die TerroristIn, PolitikerIn, JournalistIn und BürgerIn. Sie alle sind aber auch in Gruppen oder Organisationen eingebunden, deren Strukturen sie unterworfen sind, deren Strukturen sie aber auch durch ihr individuelles Handeln prägen. Und zu guter Letzt gibt es die Systeme, in denen die Organisationen und Individuen agieren: Das System „Journalismus" ist in Deutschland beispielsweise geprägt von (weitgehender) Pressefreiheit und von einem Rundfunk, in dem es öffentlich-rechtliche und private Sender gibt. Die Politik klärt ihre Machtfragen in demokratischen Entscheidungsprozessen, und die Zivilgesellschaft ist weitgehend durch westliche Normen und Werte geprägt. Terrorismus als System enthält Komponenten wie Gewalt(androhung) als Leitmotiv, Überraschung und Ideologiegetriebenheit, wie wir sie im Abschnitt über Definitionen bereits dargelegt haben, und die Frage nach Macht oder Ohnmacht, Schuld oder Unschuld.

Vielleicht wundern Sie sich, warum in diesem Viereck die Opfer der Anschläge fehlen. Sie sind doch eigentlich zentral, da die überraschende Gewaltausübung an ihnen den Terrorakt ausmacht und damit die „Message" transportiert wird, an wen sich die Terrorbotschaft richtet. Genau deshalb, weil sie nur in einem kurzen Moment im Prozess vorkommen, sind die Opfer hier nicht separat aufgeführt. Sie können als Unterpunkt in den Kästen der Journalisten, Politiker und Bürger gedacht werden, je nachdem, wer in einem Anschlag zu den Opfern zählt. Die längerfristigen Verbindungen aber bleiben zwischen den vier in Abb. 3.1 aufgeführten Polen bestehen. Die Pfeile zeigen an, dass sich die Beziehungen in allen möglichen Richtungen entwickeln können. So können Bürgerinnen und Bürger von Terrororganisationen als Sympathisanten oder Mitglieder rekrutiert werden. Die Medien berichten über die Entscheidungen der Regierung nach einem Anschlag und diese wiederum wirken sich auf die Zivilgesellschaft aus. Es ist wichtig, die unterschiedlichen Beteiligten auf dem Schirm zu haben, denn so lässt sich erkennen, wer zu wem aus welchen Gründen wie kommuniziert und wer von welcher Kommunikation vielleicht (aus strategischen Motiven) ausgeschlossen bleibt.

Nicht alle Terrorgruppen sind gleich: Sie nutzen unterschiedliche Prozesse der Kommunikation, haben unterschiedliche Organisationsweisen, Lebenszyklen, Motive und bevorzugte Anschlagsarten. Wir werden nun auf die unterschiedlichen Terrorismusformen eingehen und beginnen mit der grundlegenden Unterscheidung zwischen Terrorismus „von oben" und „von unten", die wir am Anfang bereits kurz erwähnt haben.

Terrorismus von unten und von oben

Terroristen fordern die Mächtigen heraus und greifen etablierte Institutionen und Strukturen eines Staates und einer Gesellschaft an. Einige Terroristen, beispielsweise solche mit rechtsextremistischer Ideologie, wenden sich gegen Minderheiten und Personen mit bestimmten Merkmalen, wie Migranten oder Menschen mit dunkler Hautfarbe. Auch diese Aktionen können sich zugleich gegen die bestehende Politik und Ordnung richten, indem sie den staatlichen Schutz von Minderheiten oder die Einwanderungspolitik einer Regierung angreifen.

So gesehen lässt sich Terrorismus als eine Praxis der Gewalt und der Kommunikation „von unten" begreifen. Er wendet sich gegen ein etabliertes System, gegen herrschende Regeln und Institutionen. Er will die Gesellschaft durch Gewaltakte erschüttern, die Öffentlichkeit erschrecken und mobilisieren. Wir haben aber auch gesehen, dass der Begriff nach der Französischen Revolution eine Schreckensherrschaft bezeichnete, die Terror „von oben" ausübte, um politische Gegner einzuschüchtern oder auszuschalten. So ist auch heute noch manchmal von staatlichem Terror (z. B. dem NS-Terror während der Zeit des Nationalsozialismus) oder von Staatsterrorismus die Rede. In beiden Fällen gibt es eine Asymmetrie, ein Ungleichgewicht in der Machtposition der beiden Kontrahenten und in der Kontrolle über Ressourcen, seien es nun Waffen, Ermittler oder Anhänger. Terroristen „von unten" fordern einen übermächtig erscheinenden Gegner, einen mehr oder weniger funktionierenden (häufig demokratischen) Staatsapparat heraus. Terroristen „von oben" zeigen „dem kleinen Bürger" durch Androhung und Ausübung von Gewalt, auf wessen Linie er zu sein hat und welche Grenzen er nicht überschreiten darf.

Viele Diktaturen tyrannisieren die Bevölkerung und verfolgen Oppositionelle und Dissidenten. Ihr Ziel ist nicht der Sturz einer bestehenden Ordnung, sondern deren Erhalt. Das ist etwas anderes als der Terrorismus, den wir bisher meinten und der in den weiteren Kapiteln des Buches im Mittelpunkt stehen wird. Sicherlich könnte man auch Diktatoren als Ausdruck einer moralischen Verurteilung „Terroristen" nennen, denn viele von ihnen verstoßen gegen die Menschenrechte, und sie wenden systematisch Gewalt an, bringen Leid und Elend über viele Menschen.

Allerdings würde der Begriff stark aufgebläht werden, wenn er grausame Herrscher einschließen soll, für die es andere gute Wörter gibt, außer „Diktator" zum Beispiel „Despot" oder „Gewaltherrscher".

In unserem Kontext gibt es zudem Unterschiede in der Rolle, die Medien spielen. Diktatoren haben als absolute Alleinherrscher meist wenig Mühe, die Medien ihres Landes auf Linie zu bringen, zu manipulieren oder zu zensieren. Terroristen, die von unten kämpfen, haben diese Möglichkeiten nicht. Dennoch legen sie es darauf an, in die Medien zu kommen – und sind dabei oft erfolgreich. Bei Diktatoren hält sich das Interesse an *publicity* für die Grausamkeiten, die sie begehen, in Grenzen. Zwar gibt es manchmal noch heute, ähnlich wie zu Zeiten des französischen Jakobiner-Regimes, den Wunsch, ein Exempel zu statuieren und Gewaltakte breitenwirksam zu inszenieren. Man denke an öffentliches Auspeitschen oder Steinigen in Ländern wie Saudi-Arabien, Afghanistan oder Iran. Doch in anderen Fällen legen Diktaturen Wert auf das Geheimhalten, Verschleiern oder Vertuschen ihrer Gräueltaten. Terroristen, die von unten und oft konspirativ aus einem Untergrund heraus agieren, wollen Wirbel auslösen und Unordnung stiften. Diktatoren wollen durch ihr Terrorregime in der Regel eher Ruhe herstellen – auch wenn das, zynisch gesagt, eine Friedhofsruhe sein kann.

Nicht immer lassen sich die Terrorismus-Formen gut auseinanderhalten, teilweise sind die Grenzen fließend. So kann ein Staat beziehungsweise dessen Regierung so etwas wie terroristische Mittel in einem anderen Land anwenden. Das können zum Beispiel Sabotageakte an Eisenbahnstrecken, an Stromleitungen oder Pipelines sein. Dieser zusätzliche Fokus auf zivile Bereiche, der meist vertuscht werden soll, wird heute manchmal als hybride Kriegsführung bezeichnet. Ein historisches Beispiel für Staatsterrorismus auf fremdem Territorium ist der Bombenanschlag auf die bei US-Soldaten beliebte Berliner Diskothek „La Belle" im Jahr 1986. Drei Menschen kamen ums Leben, viele weitere wurden verletzt. Wie langwierige Ermittlungen und schließlich ein Urteil des Berliner Landgerichts ergaben, steckte der libysche Staat mit seinem Geheimdienst unter dem damaligen Diktator Muammar al-Gaddafi hinter dem Anschlag.

Bisweilen werden Terrorgruppen, die von unten, also aufständisch, kämpfen, so mächtig, dass sie die Herrschaft über eigene Territorien erlangen und staatenähnliche Strukturen bilden. So gelang es der von vielen Ländern als Terrororganisation eingestuften Gruppe namens „Islamischer Staat" (IS) zeitweise tatsächlich, große Gebiete im arabischen Raum zu kontrollieren. Auch die palästinensische Hamas, die 2023 Israel überfiel, beherrschte den Gazastreifen und verfügte dort über politische und administrative Macht.

Politische und religiöse Motive

Da politische oder religiöse Motive im Terrorismus entscheidend sind, ist nicht jeder Täter, der scheinbar willkürlich andere Menschen angreift, ein Terrorist. Ein Amoklauf oder eine Amokfahrt mit einem Auto kann aus anderen Motiven erfolgen, zum Beispiel aus Rachegefühlen für wahrgenommene Kränkungen, wie im Falle von Jugendlichen, die in Schulen um sich schießen. Es geschieht leider auch immer wieder, dass Menschen einen erweiterten Suizid begehen, das bedeutet: Sie bringen, oft in einem Zustand großer Erregung und Verzweiflung, nicht nur sich selbst um, sondern reißen andere Menschen mit in den Tod. Um Terrorismus muss es sich dabei nicht handeln – kann es aber, wenn etwa ein fanatischer Islamist als Selbstmordattentäter eine Bombe in einer Menschenmenge zündet.

Manchmal wird, nicht zuletzt in den Medien, darüber diskutiert, ob Terroristen psychisch krank sind. Wer in einem klinischen Sinne als krank oder in einem juristischen Sinne als unzurechnungsfähig gilt, ist jedoch viel enger definiert als in der Umgangssprache. Für viele Menschen sind Terroranschläge „einfach krank". Sie erscheinen als grausam, sinnlos, irgendwie irre und idiotisch. Doch politischer oder religiöser Fanatismus ist, so bedauerlich das sein mag, Teil unserer Wirklichkeit – und ihre Anhänger sind im medizinischen Sinne nicht alle seelisch krank. Terroristen gehen methodisch vor, Terrorismus ist somit vielmehr „method" als „madness".

Was leitende Ideologien im Terrorismus angeht, lassen sich verschiedene „Phänomenbereiche" unterscheiden – so nennen das die deutschen Sicherheitsbehörden: Hierzulande sind das vor allem Linksextremismus, Rechtsextremismus und Dschihadismus (militanter Islamismus). Viele internationale Wissenschaftler unterscheiden drei grundlegende Motive:

1. Sozial-revolutionär motivierten Terrorismus, der in Europa vor allem während der 1960er- und 70er-Jahre eine Bedrohung darstellte, aber auch derzeit immer noch beachtet werden muss. Die Anhänger beziehen sich häufig auf ideologische Spielarten des Marxismus (Beispiele: GRAPO, RAF, Brigate Rosse).
2. Ethno-nationalistisch motivierten Terrorismus, der auch Attentäter aus der rechtsextremen Szene umfasst und bei dem es darum geht, die eigene Ethnie von anderen abzugrenzen und häufig Gebiete (zurück) zu erobern und einen Autonomiestatus zu erhalten (Beispiele: ETA, LTTE).
3. Religiös motivierten Terrorismus, der wie angesprochen islamistisch, aber auch buddhistisch, sikhisch, christlich, jüdisch motiviert sein oder von einer anderen Religion ausgehen kann (Beispiele: al-Dschamāʿa al-islāmiyya, Babbar Khalsa, Kahane Chai).

Über diese Dreiteilung lässt sich natürlich streiten, und sie ist auch nicht immer trennscharf. Denn viele Organisationen vereinen mehrere Motive: So haben Organisationen, die sich auf religiöse Motive berufen, häufig ein ethno-nationalistisches Ansinnen, wie die irische (P)IRA oder die Al-Aqsa Märtyrerbrigaden. Die PKK hat eine sozialistische Ausrichtung und ebenfalls ethno-nationalistische Ziele. Es ist manchmal schwierig, ein Hauptmotiv festzumachen. Eher ist es so, dass die Organisationen Mitglieder einer bestimmten Weltanschauung hinter sich vereinen (wollen) und für diese dann Gebietsansprüche erheben.

Weltweit hat der Dschihadismus, ein von militanten Muslimen ausgehender Terrorismus, vor allem nach 9/11 viel Aufmerksamkeit bekommen. Tatsächlich gingen, auch und gerade in Europa, zahlreiche schwere Anschläge, ob in Berlin, London, Paris oder Madrid, auf das Konto des IS oder anderer dschihadistischer Terrororganisationen. Seit dem internationalen Auftrieb von Rechtspopulisten und Rechtsextremisten werden aber auch die Gefahren durch rechtsextremen Terrorismus stärker wahrgenommen. In Deutschland ist diese Bedrohung, so sehen es Kritiker, lange Zeit unterschätzt oder heruntergespielt worden. Nach dem Zweiten Weltkrieg hatten sich die Sicherheitsbehörden der Bundesrepublik auf die Abwehr des Kommunismus konzentriert und vor allem den Linksextremismus ins Visier genommen. Mit der RAF wuchs in den 1970er-Jahren eine linksterroristische Gruppe heran, die viele Anschläge und Morde beging und über Jahre hinweg die westdeutsche Öffentlichkeit und ihre Medien beschäftigte. Das hatte auch etwas mit der offensiven Kommunikation dieser Gruppe zu tun und generell damit, wie stark sich eine Gruppe strukturell aufstellt und als handlungsfähige Gemeinschaft organisiert.

Terrorismus als Werk einer Gruppe

Die Anschläge von 9/11, für die Al-Qaida-Terroristen mehrere Flugzeuge entführten, waren sorgfältig geplant worden und logistisch sehr aufwendig. Solche Taten kann nur begehen, wer eine starke Organisation im Hintergrund hat, die über die notwendigen Ressourcen an Wissen, Geld, Material, Räumlichkeiten und Personal verfügt. Terrorismus ist typischerweise ein Gemeinschaftswerk, für das sich eine Gruppe oder, allgemeiner und größer noch, eine Organisation gebildet hat, in der Arbeitsteilung herrscht. Die einen kümmern sich beispielsweise um das Ausspähen von geeigneten Objekten für Anschläge, andere um das Beschaffen von Waffen, wieder andere um Propaganda-Aktivitäten. Unter Umständen gibt es eine klare Hierarchie, das muss aber nicht so sein. Es kann auch weitgehend gleichberechtigte Mitglieder in einer Terrorgruppe geben – vor allem dann, wenn diese nicht sehr groß ist.

Im deutschen Recht lautet der juristische Ausdruck nicht „Gruppe", sondern „terroristische Vereinigung". Eine solche besteht, so heißt es in § 129 des Strafgesetzbuchs, aus mehr als zwei Personen: „Eine Vereinigung ist ein auf längere Dauer angelegter, (…) organisierter Zusammenschluss von mehr als zwei Personen." Die Personen, so heißt es weiter, haben sich zusammengetan „zur Verfolgung eines übergeordneten gemeinsamen Interesses". Das Strafgesetzbuch unterscheidet zwischen kriminellen und terroristischen Vereinigungen. Die zuerst Genannten können Gangs sein, die mit Drogen handeln und gemeinhin zur „organisierten Kriminalität" zählen. Terroristische Vereinigungen handeln dagegen, wie wir schon betont haben, aus einer im weitesten Sinne politischen oder religiösen Überzeugung.

Wie eng und fest die Verbindungen zwischen verschiedenen Personen sind und ob es sich um eine Vereinigung im Sinne des Gesetzes handelt, ist manchmal nicht leicht zu ermitteln. Es existieren unterschiedliche Organisationsgrade. Klandestine Organisationen, also verdeckt und heimlich operierende Untergrundgruppen, können die Struktur von Netzwerken haben, in denen nur einige Personen Kontakt zu anderen halten und eine Art Knotenpunkt bilden. In rechtsextremen Kreisen kursierte schon vor Jahrzehnten die Idee, einen „führerlosen Widerstand" *(leaderless resistance)* auszuüben. Demnach sollten kleine militante Zellen entstehen, die in keine Hierarchie eingebunden sind. So lässt sich dem Verfolgungsdruck durch Polizei und Geheimdienste leichter ausweichen. Einblicke in solche Gruppen sind für die Ermittler und für die Medien nur schwer zu bekommen. Durch investigative Recherchen, Aussagen von Aussteigern und durch aufwendige Ermittlungs- und Gerichtsverfahren ist es manchmal aber doch möglich.

Gibt es nur einen oder zwei ermittelte Täter, können diese zumindest in Deutschland rein juristisch betrachtet nicht als Vertreter einer Terrororganisation gelten. Doch Achtung: Um juristisch ein Mittäter zu sein, braucht eine Person nicht selbst am Tatort gewesen zu sein. Es kann unter Umständen genügen, dass sie wie die ausführenden Täter zu derselben terroristischen Vereinigung gehörte und den Anschlag genauso geplant und gewollt hat wie diese. Die Gesetze und die Gerichte berücksichtigen die Arbeitsteilung, die in vielen Terrorgruppen üblich ist, und betrachten Terrorismus als Gemeinschaftswerk.

Oft verfügen Terrorgruppen über eine Basis an Unterstützern und Sympathisanten, die zwar nicht zum Kern der Gruppe gehören, ihr aber nahestehen. Manche von ihnen leisten den Terroristen konkrete Hilfe, zum Beispiel beim Untertauchen, bei der Beschaffung von Unterkünften oder Ausweisen. Unterstützer- und Sympathisanten-Kreise können dazu beitragen, die politischen Ziele einer Terrorgruppe zu verbreiten, Solidarität mit Inhaftierten zu organisieren und die Öffentlichkeit für Themen zu mobilisieren, die den Terroristen wichtig sind. Darüber hinaus können Terrorgruppen aus diesen Kreisen neue feste Mitglieder und Kämpfer gewinnen.

Einsame Wölfe, fanatische Rudel

Vielleicht haben Sie eben beim Lesen gedacht: „Gemeinschaftswerk? Es gibt doch Terroristen, die als Einzeltäter zuschlagen." Damit hätten Sie einen wichtigen Punkt getroffen. Nicht nur in den Medien ist von Einzeltätern zu hören, in manchen Rechtskulturen können auch einzelne Täter als Terroristen vor Gericht kommen. So wurde der Norweger Anders Breivik, der 2011 in Oslo und auf der Insel Utøya 77 Menschen tötete, wegen zigfachen Mordes und wegen Terrorismus angeklagt und schließlich zu einer langen Haftstrafe mit anschließender Sicherungsverwahrung verurteilt. Breivik ist ein rechtsextremer Terrorist, der allein zuschlug, auf dessen Handeln aber die oben vorgestellten wesentlichen Merkmale von Terrorismus zutreffen. Er tötete wehrlose Zivilisten aus politischen Motiven und wollte damit Aufsehen erregen. In einem langen Text und einem Video verbreitete er seine rechtsextremistische Weltsicht. Diese Ideologie teilte Breivik mit anderen, die sich in ihrem Fanatismus und in ihren Tatplänen gegenseitig beeinflussen und anstacheln können, ohne sich notwendigerweise persönlich zu kennen oder eine Gruppe zu gründen, in der ein Attentat gemeinsam ausgeführt wird.

Es gibt also Attentäter, die recht eigenständig und isoliert von Gruppen vorgehen oder sich relativ „unbemerkt" und „ohne Anschluss" radikalisieren und eine Einzeltat planen. Diese werden in der Fachliteratur häufig als „einsame Wölfe" (auf Englisch „Lone Wolves") bezeichnet. Solche „einsamen Wölfe" streifen allein durch die Welt und begehen Anschläge und Überfälle, ohne dafür in ein Rudel –

eine Gruppe, eine Organisation – eingebunden zu sein. Solche Täter sind für die Sicherheitsbehörden besonders schwer zu identifizieren, manche radikalisieren sich in großem Tempo zu Hause und sind vor ihren Attentaten nirgends aufgefallen. Durch das Internet sind sie allerdings oft gar nicht so isoliert gewesen, wie es zunächst den Anschein hatte. Diese Täter können zum Beispiel intensiv die Medien und darin zu findende Beiträge über andere Anschläge rezipieren, zudem Propaganda und Chats, in denen Extremisten sich im Netz austauschen. Sie können sich einem Rudel zugehörig fühlen, ohne in ihm zu leben.

Für große Terrororganisationen wie den IS oder für lose Neonazi-Netzwerke kann es Teil ihrer Strategie sein, dass sie auch radikalisierte Einzeltäter, die keine echte organisatorische Anbindung haben, zu Aktionen anstiften. Auf diese Weise können sie noch stärker und für ihre Gegner noch unberechenbarer wirken, beispielsweise wenn ein „einsamer Wolf" als Selbstmordattentäter ohne jede Vorwarnung und ohne Rücksicht auf das eigene Leben zuschlägt.

Innerstaatlicher und internationaler Terrorismus

Terroristen verletzen nicht nur moralische, sondern oft auch geographische Grenzen. Manche Terrororganisationen wie Al-Qaida oder der IS operieren in diversen Ländern und legen es mit ihren Anschlägen auf internationale Aufmerksamkeit an. Andere beschränken sich auf ein Land oder eine Region und führen beispielsweise einen Kampf als separatistische Bewegung, die ein Gebiet aus einem bestehenden Land herauslösen möchte. Beispiele dafür waren die irische (P)IRA in Großbritannien oder die baskische ETA in Spanien. Internationale Aufmerksamkeit kann solchen Organisationen recht sein, ihr Augenmerk liegt aber vor allem auf der Öffentlichkeit in den Staaten, mit denen um die Abspaltung eines Landesteils gerungen wird.

Je nach Größe, Ausrichtung und Zielen sind Terrorgruppen mal mehr, mal weniger international orientiert. Es gibt Gruppen, die nur von wenigen Medien in einer begrenzten Region beachtet werden. Andere machen weltweit Schlagzeilen. Ein Anschlag wie 9/11 wird zur *breaking news* auf allen Kontinenten. Das hat in diesem Fall nicht nur etwas mit der internationalen Ausrichtung der in die USA gereisten Terroristen zu tun, die übrigens zum Teil vorher in Hamburg gelebt hatten. Die Neuheit einer solchen zuvor nie gesehenen Tat, einer orchestrierten Inszenierung, die dramatischen Bilder vom Einsturz der Zwillingstürme, die vielen Toten und Verletzten und nicht zuletzt die Tatsache, dass die wohl mächtigste Militärmacht der Welt, die USA, so empfindlich auf ihrem eigenen Territorium angegriffen wurde, machten 9/11 zu einer Weltnachricht. In vielen Ländern beschäftigte sie über Monate hinweg die Medien und das Publikum. Und als Tagebuchschreiber ihrer Zeit erinnern Journalistinnen und Journalisten zum Jahrestag des Anschlags immer wieder an dieses historische Ereignis. Die Terroristen hatten hier auf stark symbolische Kommunikation gesetzt, indem sie Gebäude angriffen, die für die westliche Wirtschaft und Politik stehen.

Im vierten Kapitel lesen Sie, über welche weiteren Formen von Kommunikation die Terroristen(gruppen) noch versuchen, die im Akteursviereck in Abb. 3.1 vorgestellten Beteiligten zu erreichen.

4

Kommunikation von Terrorgruppen

Die Linksterroristen der RAF hatten eine Vorliebe für verschwurbelte Pamphlete, in denen sie die Welt erklärten. In oft wortreichen Abhandlungen verurteilten sie den Kapitalismus mit den damals gängigen Schlagwörtern aus dem Arsenal linker Theorien und beschworen zum Beispiel in einem Text von 1972 die Notwendigkeit, „den antiimperialistischen Kampf [zu] führen". Die RAF beschimpfte die „verfetteten Eliten", die nur eine Sprache verstünden: die Sprache der Gewalt.

Einige RAF-Mitglieder waren recht belesen, und an ihren Überlegungen zum Sturz des Systems wollten sie die Öffentlichkeit unbedingt teilhaben lassen. Sie wollten andere belehren und ideologisieren. An Selbstbewusstsein mangelte es ihnen nicht, die RAF sah sich selbst als linke Avantgarde. Sie sprengte Gebäude in die Luft, entführte und ermordete Diplomaten, Manager, Polizisten – und verbreitete diverse Schreiben, in denen sie sich zu ihren Taten bekannte und deren vermeintlichen Sinn zu erklären versuchte. Hätte es in den 1970er- und 80er-Jahren bereits das Internet gegeben, wäre die RAF bestimmt auch dort aktiv geworden. Zu ihrer Zeit mussten sich die Mitglieder darauf beschränken, ihre Textergüsse, teilweise versehen mit dem eigenen Logo, an Zeitungsredaktionen und Agenturen zu

© Der/die Autor(en), exklusiv lizenziert an Springer Fachmedien Wiesbaden GmbH, ein Teil von Springer Nature 2026
T. Schultz, L. Rothenberger, *Medien und Terrorismus*, Medienwissen kompakt, https://doi.org/10.1007/978-3-658-50954-5_4

schicken – oder sie riefen aus Telefonzellen an und übermittelten ihre Forderungen.

Schon die RAF-Terroristen setzten nicht nur auf die Kraft des Wortes, sondern auch auf die Macht der Bilder. Zum einen setzten sie sich selbst, beispielsweise bei Gerichtsprozessen, mit auffälliger Kleidung und Gesten in Szene, was die Pressefotografen gerne festhielten. Zum anderen nutzten sie Polaroidfotos, die sofort entwickelt werden konnten und damals populär wurden (digitale Kameras gab es ja noch nicht). Fotos und Filme können intensiver wirken und stärkere Gefühle auslösen als distanzierte Texte und Theoriedebatten. So nahm die RAF 1977 im sogenannten „Deutschen Herbst", in dem sie die Öffentlichkeit mit Anschlägen in Atem hielt, ein Video des von ihr entführten Arbeitgeberpräsidenten Hanns Martin Schleyer auf. Es wurde sogar in der „Tagesschau" gezeigt. Schleyer äußerte in der Aufnahme, zu der die RAF ihn gezwungen hatte, Unverständnis über ausbleibende Hilfe von der Bundesregierung. Die Worte und Bilder des Entführungsopfers blieben vielen Deutschen im Gedächtnis. Wochenlang war unklar, ob die Fahnder den Manager und Verbandsfunktionär finden und befreien würden. Dann der Schock: Die Terroristen töteten Schleyer mit drei Schüssen in den Hinterkopf. Die Polizei hatte das Versteck der RAF nicht rechtzeitig gefunden – und die Bundesregierung Verhandlungen mit den Terroristen abgelehnt, weil sie sich nicht erpressen lassen wollte.

Schon in früheren Jahren hatte die RAF mit ihren prominenten Mitgliedern wie Andreas Baader und Ulrike Meinhof immer wieder große mediale Resonanz erzielt. Im „Deutschen Herbst" steigerte sich diese Aufmerksamkeit noch, durch die Entführung und schließlich Ermordung Schleyers am 18. Oktober 1977 und durch das Kapern einer Lufthansa-Maschine namens „Landshut" am 13. Oktober 1977 mit zahlreichen Passagieren an Bord. Das

Medienpublikum konnte zu Hause in den Nachrichten verfolgen, wie sich die Flugzeug-Entführung über mehrere Tage hinzog, wie die Terroristen den Piloten Jürgen Schumann töteten und wie die GSG 9, eine Spezialeinheit der deutschen Polizei, in Mogadischu schließlich das Flugzeug stürmte und die Geiseln befreite. Das alles war auch durch das in den 1970er-Jahren ausgebaute Satellitenfernsehen möglich. Die schnellen Übertragungswege allerdings hinderten oder erschwerten auch die Einsätze der Sicherheitsbehörden, denn die Entführer erfuhren aus den Medien viele Details zu deren Vorhaben.

Mit diesen Beispielen aus dem „Deutschen Herbst", diesen von Gewalt geprägten Wochen im September und Oktober 1977, wollen wir verdeutlichen, dass viele Terrorakte schon selbst eine starke Botschaft haben. Sie sprechen für sich – als Machtdemonstration. Die Brutalität im Vorgehen und die Dramatik der Ereignisse können die Öffentlichkeit in Bann schlagen und bei den Bürgerinnen und Bürgern den gewünschten Effekt einer Verunsicherung und Verängstigung erzielen. Begleitet werden die Effekte der Gewalt durch weitere „Öffentlichkeitsarbeit" der Terrorgruppen, beispielsweise Bekennerschreiben oder Geiselvideos. Dadurch gerät auch die Regierung unter Druck.

Um die Darstellungsmöglichkeiten für Terroristen einzuschränken, verhängte die Regierung in Großbritannien einen sogenannten „Broadcast Ban". Dieser verbot Medienhäusern zwischen 1988 und 1994, Interviews unter anderem mit Personen von IRA und Sinn Féin auszustrahlen. Die Medien entwickelten allerdings Wege, diese Restriktionen zu umgehen. Unter anderem ließen sie Schauspieler die Worte nachsprechen.

Die Gewalt in Szene setzen

Wie mächtig Terrorgruppen vorgeblich oder tatsächlich sind, wollen sie der Öffentlichkeit beweisen, indem sie den

Staat und seine Repräsentanten als schwach und angreifbar vorführen. Mitunter setzen Terroristen die Gewalt regelrecht in Szene – fast wie Regisseure im Theater. Tatsächlich werden in der Terrorismusforschung Ähnlichkeiten mit dem Schauspiel diskutiert. Als geplante Akte der Gewalt, die eine öffentliche Wirkung haben sollen, sind viele terroristische Anschläge in hohem Maße inszeniert. Wissenschaftler wie Gabriel Weimann, Conrad Winn und Raphael Cohen-Almagor haben die Terroristen und ihre Opfer mit den Hauptdarstellern auf einer Theaterbühne verglichen. Das Publikum schaut dem Spektakel zu, und die Medienschaffenden schreiben die Kritiken zum Stück, interpretieren und beurteilen die „Aufführung". Hier zeigt sich wieder, wie wichtig die Öffentlichkeit für die Terroristen ist: Auch ein Theaterstück bleibt ohne Performance vor einem Publikum sinnlos, da die Botschaft nicht verbreitet wird.

Die Anschläge von 9/11 in New York haben zu erschreckenden Szenen geführt, die schon jetzt in die Geschichtsbücher eingegangen sind. Mit den Bildern des einstürzenden World Trade Center konnten die Terroristen ohne Worte kommunizieren. Sie haben ihre Botschaft des Hasses visuell übermittelt: wie sehr sie den Westen mit seinen Werten und seinem gesellschaftlichen System verachten, wie unerbittlich sie gegen die USA kämpfen und wie groß die Zerstörung ist, die sie anrichten können.

Wie im Fall von 9/11 wählen Terroristen gerne belebte, bekannte und symbolisch aufgeladene Schauplätze für ihre Anschläge aus. Das imposante World Trade Center stand für die Macht und den Reichtum der USA – und mit einem Mal lag alles in Schutt und Asche. In Paris richteten Dschihadisten im November 2015 ein Blutbad im „Bataclan" an, einem Musikclub, in dem gerade eine Rockband spielte. Zur selben Zeit schlugen mehrere Täter am Fußballstadion zu, während eines Länderspiels (Frankreich – Deutschland; wieder ein symbolträchtiger Ort und symbolträchtige Ver-

treter), und außerdem in einem Restaurant- und Kneipen-
viertel. Die Terroristen ermordeten an diesem Abend 130
Menschen, Hunderte wurden verletzt. Paris hatte sich in
einen Ort des Grauens verwandelt. Die Metropole, die
jedes Jahr Millionen Touristen anzieht, die sich amüsieren,
wurde zu einer Stadt der Trauer. Einmal mehr zeigte sich:
Die Toten sind für Terroristen nur ein Mittel zum Zweck.
Die Wirkung der Gewalt soll weit über die Opfer hinausgehen. Terrorismus nutzt physische Gewalt, um die Psyche
der Menschen zu treffen.

Anschläge in Weltstädten wie New York, Paris oder London haben aus Sicht der Terroristen den weiteren Vorteil,
dass viele große Medien dort ihren Sitz haben. Entsprechend schnell und umfangreich wird über die Ereignisse
berichtet. Attentate in Gegenden, die in den Nachrichten
generell wenig beachtet werden (was ungerecht sein mag,
aber das ist ein anderes Thema), haben geringere Chancen,
die Schlagzeilen tagelang zu dominieren. An viel besuchten
Orten ist auch die Wahrscheinlichkeit groß, dass es jede
Menge Augenzeugen gibt, die zur Verbreitung der
Schreckensbilder beitragen, indem sie diese mit ihren
Mobiltelefonen aufnehmen und ins Internet hochladen.
Das ist im Sinne der Terroristen, die ja wollen, dass ihre Tat
wahrgenommen wird. Es klingt hart: Terroristen spannen
harmlose Bürgerinnen und Bürger für sich ein. Sie lassen sie
nämlich für sich kommunizieren – auch wenn das den
Menschen, die Anschlagsbilder im Internet verbreiten, in
dem Moment wohl nicht bewusst, geschweige denn
recht ist.

Bekennerbriefe und Propaganda-Medien

Terrorgruppen wollen in der Regel auch selbst – wie die
RAF – Bilder und Texte erstellen und unter die Leute bringen. Für sie kommt es darauf an, nicht nur von anderen als
böse und gefährlich dargestellt zu werden, sondern sich als

Kämpfer für ihre Sache und einen höheren Zweck zu präsentieren. Statt Wörter wie „Terrorismus", „Verbrechen", „feige" und „brutal", mit denen Politik und Medien typischerweise auf Anschläge reagieren, nutzen die Täter positive Begriffe wie „Freiheitskämpfer" oder „Befreiung" für sich und belegen im Gegenzug den Staat, den sie bekämpfen, mit abwertenden Ausdrücken.

Ohne Droh- und Bekennerbriefe wäre nicht unbedingt klar, wer hinter einer Tat steckt – und das ist den Terroristen ja wichtig. Manchmal gibt es auch Trittbrettfahrer, die gar keinen Anschlag verübt haben, aber eine Tat dann für sich beanspruchen. Womöglich behaupten Terroristen nur, sie hätten ein Attentat geplant, das in Wahrheit gar nicht auf sie zurückgeht. Heute handelt es sich jedenfalls nicht mehr unbedingt wie zu Zeiten der Anarchisten im 19. Jahrhundert oder der RAF um Flugblätter oder Briefe, es können kurze Filme oder digitale Texte sein, mit denen Terrorgruppen einen Anschlag ankündigen oder für sich reklamieren.

Täter können auch ein Schriftstück, ein Logo oder Graffiti am Tatort hinterlassen. Politisch motivierte Wandbilder, sogenannte „Murals", werden von Gruppen in Nordirland zu Propagandazwecken eingesetzt. Täter können irgendwo anrufen, einen Brief verschicken oder Texte ins Netz stellen. Sie können schon vorab in Chats und Internet-Foren über ihre Taten sprechen, Dateien auf ihren Computern und Datenträgern speichern und darauf warten, dass die Ermittler diese finden werden. Das ist eine Variante, die manche Attentäter wählen, die planen, sich selbst umzubringen, oder die davon ausgehen, dass sie von der Polizei gefasst oder erschossen werden. Andere sind sehr darauf bedacht, unerkannt zu bleiben. So legte die Neonazi-Terrorgruppe „Nationalsozialistischer Untergrund", kurz NSU, die in den Jahren von 2000 bis 2007 bundesweit zehn Menschen ermordete, Wert darauf, so lange wie möglich verborgen zu bleiben, was für eine Terrorgruppe recht untypisch ist. Der NSU folgte dem Motto „Taten statt Worte" und verzichtete zunächst sogar auf Bekennerbriefe.

Der NSU-Fall: Propaganda der Tat

Die Neonazis Beate Zschäpe, Uwe Mundlos und Uwe Böhnhardt aus Jena waren 1998 vor der Polizei getürmt. Sie lebten fortan unter falschen Namen in Chemnitz, später in Zwickau und führten bundesweit Anschläge aus, ohne dass die Öffentlichkeit erfuhr, dass dieser NSU überhaupt existierte. Bevorzugtes Anschlagsziel waren Männer, die aus der Türkei stammten. Aus dem Verzicht auf Bekennerschreiben folgte, dass die Behörden jahrelang in die falsche Richtung ermittelten und nicht Neonazis, sondern Migranten hinter den Taten vermuteten. Das war im Sinne der Terroristen, weil es Angst und Schrecken in der deutsch-türkischen Community erzeugte und diese sogar noch in eine kriminelle Ecke gerückt wurde. In aller Ruhe konnte der NSU weitere Taten planen.

Doch widerspricht dies nicht einem wesentlichen Terrorismus-Merkmal: dass Täter für ihre Ziele werben und die Welt von ihrer Existenz wissen lassen? Ein guter Punkt. Dafür hatte der NSU vorgesorgt. Die Gruppe produzierte einen Film, der bekannt werden sollte, sobald der NSU aufflog. Im November 2011 missglückte ein Überfall in Eisenach. Daraufhin erschossen sich Mundlos und Böhnhardt in einem Wohnmobil. Dort fand die Polizei auch das Video. Die Dritte im Bunde, Beate Zschäpe, stellte sich. Zuvor hatte sie weitere Film-DVDs in die Post geworfen, sie landeten unter anderem in Zeitungsredaktionen. In dem Video zeigten die Terroristen Bilder von Mordopfern, die sie direkt nach dem Erschießen fotografiert hatten. Es ist ein brutaler Film in einem pseudo-niedlichen Rahmen: Als Erzähler verwendeten die Neonazis die Zeichentrickfigur Paulchen Panther, auch bekannt als „rosaroter Panther". Gleich zu Beginn des Films steht das Motto des NSU: „Taten statt Worte". Dies entspricht dem Vorgehen, das auch andere Terrorgruppen für sich entdeckt haben und das von Linksterroristen bereits im 19. Jahrhundert angewandt wurde.

Der NSU nutzte etwas, das seit dem 19. Jahrhundert als „Propaganda der Tat" bezeichnet wird. Sogar in dem Film, den der NSU hinterließ, verlor die Gruppe nur wenige Worte zu ihren ideologischen Grundlagen. Dass es Neonazis waren, die Türken hassten und den deutschen Staat in eine andere politische Richtung führen wollten, wurde zwar deutlich, aber längere Ausführungen dazu fehlten. Der rechtsextreme NSU war in dieser Hinsicht schlichter als die linksextreme RAF. Den Neonazis fehlten die theoretischen Ambitionen.

Nun ist Propaganda, wenn man sie mit kritischem Blick betrachtet, oft sehr schlicht – auch die Propaganda des Wortes. Dennoch oder gerade deshalb kann sie wirkungsvoll sein. Kein Wunder, dass einige Terrorgruppen eigene Magazine und Social-Media-Kanäle betreiben. Organisationen wie der IS nutzen eine aufwendige Öffentlichkeitsarbeit, haben teilweise eigene Filmteams und Redaktionen, die in „Public Relations"-Strategien versiert sind. In ihren Magazinen, die zum Beispiel im Dark Web vertrieben werden, dem „dunklen Teil" des Internets, der verschlüsselt und mit herkömmlicher Software nicht zu erreichen ist, finden sich nicht nur religiöse Texte und politische Kommentare, sondern auch Gewaltaufrufe und konkrete Anleitungen für Anschläge und zum Bau von Bomben.

Der US-Forscher Jonathan Matusitz und sein Team haben in einer Studie fünf Felder oder Funktionen dschihadistischer Online-Magazine unterschieden:

- Strategische Kommunikation
- Militante (gewaltorientierte) Propaganda
- Soziales Konstruieren der Wirklichkeit
- Rekrutieren von Unterstützern und Mitgliedern
- Praktische Anleitungen (als eine Art Schulungshandbuch)

In den untersuchten Magazinen fand das Forschungsteam detaillierte Beschreibungen von Anschlägen, das Bekräftigen eigener Stärke und Gründe für eine strenge religiöse Lebensführung und das Ablehnen „westlicher" Werte und Lebensmodelle. Wie normale Verlage vermarkten auch Terrorgruppen diese Magazine professionell und richten sie auf Zielgruppen aus.

Ein nicht zu unterschätzendes Medium für die Propaganda extremistischer und terroristischer Organisationen ist außerdem Musik. Mit Konzerten und zum Teil unter der Hand weitergegebenen oder im Netz hochgeladenen CDs und Musikdateien holen Neonazi-Gruppen gerade auch junge Menschen ab und führen sie auf einen Weg der Radikalisierung. Militante Muslime verbreiten eingängige Kampfgesänge, sogenannte Anāshīd, die einige Attentäter erwiesenermaßen direkt vor einem Anschlag gehört haben, um sich aufzupeitschen. Eigentlich ist ein Nashīd im Arabischen eine Hymne, ein Loblied auf Allah. Doch Fanatiker und Terroristen haben ihre eigenen Varianten mit hetzerischen Texten entwickelt und so einen Soundtrack des Terrors entwickelt, den sie für ihre Propaganda-Clips einsetzen und der aufgrund seiner Eingängigkeit gut bei Kindern und Jugendlichen verfängt. Längst gibt es Anāshīd nicht nur auf Arabisch, sondern in diversen anderen Sprachen, auch auf Deutsch.

Weltweit und live im Netz

Das Internet bietet Terroristen viele Möglichkeiten für die eigene Kommunikation. Mit Hilfe von „Künstlicher Intelligenz" lassen sich heute schnell und massenhaft Propaganda-Botschaften erstellen, darunter täuschend echt wirkende, künstlich erzeugte Bilder und sogenannte Deepfakes. Nicht zu unterschätzen ist dabei, dass sich im digitalen Raum viele Radikale und Extremisten tummeln, die selbst zwar (noch) nicht zu einer Terrororganisation gehören und die selbst keine Anschläge begehen, die aber durch hasserfüllte Beiträge einen geistigen Boden für Gewalt und Terrorismus bereiten. So gibt es teilweise fließende Grenzen zwischen der Propaganda extremistischer und terroristischer Gruppen.

Außer für Internet-Beiträge, die auf eine Außenwirkung abzielen, nutzen Terroristen die digitalen Kanäle und Plattformen natürlich auch für interne Absprachen und den Austausch innerhalb der eigenen Organisation. Wir haben ja vorhin schon beschrieben, wie Terrorismus als Werk einer Gruppe organisiert wird. Die Mitglieder können so eine eigene kollektive Identität entwickeln. Dabei hinterlassen sie zwar mitunter digitale Spuren, die der Polizei, den Geheimdiensten und auch investigativen Journalistinnen und Journalisten helfen können, Erkenntnisse über Terroristen, deren Pläne und Arbeitsweisen zu erlangen. Aber natürlich ist das aufgrund vielfältiger Technologien zur digitalen Verschlüsselung und Verschleierung eine Art Hase-und-Igel-Wettlauf.

Gelegentlich kommt nach Anschlägen heraus, dass die Täter ihre Taten im Netz besprochen oder regelrecht angekündigt haben, ohne dass die Sicherheitsbehörden dies rechtzeitig mitbekommen hätten. Digitale Plattformen sind für Terrorgruppen außerdem sehr praktisch, um nach einer Tat selbst Bilder und Botschaften abzusetzen und die Aktion als Erfolg zu feiern. Seit einigen Jahren passiert das nicht mehr nur *nach* einem Anschlag, sondern manchmal schon *während* eines Anschlags. So nutzte ein rechtsextremistischer Attentäter im neuseeländischen Christchurch die Live-Funktion von Facebook, um das Blutbad, das er 2019 in zwei Moscheen anrichtete, im Internet zu zeigen. Er brachte 51 Menschen um und verletzte Dutzende weitere.

In Deutschland nahm sich ein Rechtsextremist im selben Jahr ein Beispiel an dem Vorgehen in Neuseeland und übertrug seinen Angriff auf eine Synagoge in Halle mithilfe einer Helmkamera live im Internet auf der Streaming-Plattform „Twitch". Jedoch gelang es dem Attentäter nicht, die gesicherte Tür zu überwinden. Daraufhin ermordete er zwei Menschen auf der Straße und in einem Imbiss. Ein Attentäter in Buffalo, New York, bezog sich bei seinem Attentat 2022, bei dem er zehn Menschen tötete, auf den Anschlag in Halle und streamte ebenfalls via „Twitch". Dies ist die Bürde einer Internet-Technologie und eines freien Zugangs, der Nutzerinnen und Nutzern das Hochladen ihrer Videos relativ hürdenfrei ermöglicht und Einschränkungen meist erst im Nachhinein greifen lässt.

Journalismus weiterhin wichtig

Brauchen Terroristen überhaupt noch die klassischen Massenmedien und die Aufmerksamkeit professioneller Journalistinnen und Journalisten? Die Frage ist berechtigt, da die Terroristen doch offensichtlich über eigene Mittel verfügen, sich an die Öffentlichkeit zu wenden. Doch auch wenn die klassischen Zeitungen, Radiostationen und TV-Sender längst nicht mehr konkurrenzlos sind, wenn es um das massenwirksame Verbreiten von Informationen geht, sollte ihre Bedeutung nicht unterschätzt werden. Das zeigt schon die große Zahl an Zuschauerinnen und Zuschauern, die in Deutschland die „Tagesschau" erreicht – egal, ob sie noch ganz traditionell um 20 Uhr im Ersten Programm des Fernsehens oder zu einer anderen Uhrzeit über die App, auf TikTok oder in der ARD-Mediathek geschaut wird. Jeden Tag schalten mehrere Millionen Menschen – zuletzt waren es zwischen acht und zehn Millionen – diese Nachrichtensendung ein.

Vor allem nach Anschlägen wenden sich viele Menschen den großen etablierten Angeboten zu, die für hohe journalistische Qualität und gute Recherche stehen, weil sie diesen mehr vertrauen als halbseidenen Anbietern, die es häufig eher auf Sensationalismus und Unterhaltung abgesehen haben. Dazu kommen diverse weitere journalistische Informationssendungen, Zeitungen, Zeitschriften und Online-Portale, die viele Menschen regelmäßig rezipieren. Was sich auf Social-Media-Plattformen abspielt, wenn es um aktuelle Ereignisse und politische Vorgänge geht, bezieht sich zu großen Anteilen auf Themen und Informationen, die ursprünglich auf journalistischen Quellen beruhen. Daher haben Terroristen allen Grund, den Journalismus und die klassischen Medien weiterhin wichtig zu nehmen – zumal diese Angebote, wie die Medienforschung zeigt, besonders intensiv von Entscheidungsträgern genutzt werden, also wichtigen Personen aus der Politik, dem Wirtschafts- und Kulturleben. Das sind nicht nur Multiplikatoren, sondern diejenigen, die großen Einfluss auf den Kurs einer Gesellschaft haben.

Resonanz in den Medien und bei den Mächtigen der Gesellschaft zu erzielen, hat für Terrorgruppen hohen Wert. Die Terroristen des NSU beispielsweise waren so versessen und vielleicht auch stolz auf diese Resonanz, dass sie ein kleines Zeitungsarchiv anlegten: Sie sammelten Artikel über ihre Anschläge und über die falschen Fährten, auf denen die Ermittler viele Jahre unterwegs waren. Und sie zeichneten Fernsehbeiträge von Sendungen wie „Aktenzeichen XY… Ungelöst" auf, mit deren Hilfe die Polizei damals nach den noch unbekannten Tätern fahndete. Auch die Mitglieder der RAF verfolgten die Berichterstattung über ihre Gruppe und ihre Aktionen sehr aufmerksam und stellten sogar Presseclippings zusammen, in denen sie deutsche und internationale Medien sowie Ergebnisse von Meinungsumfragen auswerteten.

Auch wenn journalistische Angebote für die Kommunikation heute nicht mehr allein ausschlaggebend sind, bleiben sie für Terrorgruppen eine zentrale Größe in ihrem Kalkül. Zudem gibt es oft Wechselwirkungen und eine Verschränkung der unterschiedlichen Medienarenen. So hat der erwähnte Attentäter von Halle zwar während seiner Tat ein Video ins Internet gestreamt, aber allzu viele Menschen hat er damit live nicht erreicht. Dann wurde erwartungsgemäß groß über ihn und den Anschlag von allen wichtigen Medien in Deutschland berichtet – und die *Bild*-Zeitung zeigte Ausschnitte aus dem Terrorvideo sogar in ihrer Online-Ausgabe. Auf diese Weise hat der Attentäter mit seiner Tat und dem Film doch noch ein Massenpublikum erreicht. Dass sich hier ethische Fragen zum Umgang damit und speziell zur Veröffentlichung durch die Zeitung aufdrängen, sei jetzt schon erwähnt – wir werden darauf zurückkommen.

5

Terrorismus in den Medien

Nach einem Terroranschlag haben viele Menschen ein großes Informationsbedürfnis, und die Medien sehen sich genötigt, schnell zu reagieren. Dadurch kommt der gesellschaftliche Schock, den Terroristen auslösen wollen, tatsächlich zustande, weit über die unmittelbar Betroffenen und die Augenzeugen hinaus. Ihre politische Botschaft senden die Terroristen mithilfe der Medien. Öffentlichkeit ist, wie die ehemalige britische Premierministerin Margaret Thatcher einmal sagte, der Sauerstoff des Terrorismus.

Und dieser Sauerstoff ist keineswegs knapp. Denn terroristische Drohungen und Gewalttaten erfüllen so ziemlich alles, was die Medien benötigen, um aktiv zu werden und die breite Öffentlichkeit zu informieren. Was bedeutet „benötigen" in diesem Zusammenhang?

In der Medienforschung ist die Rede von Nachrichtenfaktoren oder Nachrichtenwerten. Damit ist gemeint, dass nur bestimmte Ereignisse mit hoher Wahrscheinlichkeit in den Nachrichtensendungen landen oder Stoff für eine Schlagzeile in einer Online-Zeitung abgeben werden. Das meiste, was jeden Tag in der Gesellschaft geschieht, ist ja allenfalls eine Nachricht für einen ganz kleinen Kreis, nicht für die großen Medien: Wenn Sie heute zum Frühstück ein Marmeladenbrot und nicht, wie Sie es sonst immer tun, Müsli mit Obst gegessen haben, nimmt davon niemand

T. Schultz, L. Rothenberger, *Medien und Terrorismus*, Medienwissen kompakt, https://doi.org/10.1007/978-3-658-50954-5_5

Notiz – höchstens ihre Familie oder Freunde vielleicht, die sich wundern, ob Sie Ihre Essgewohnheiten geändert haben. Um in der „Tagesschau" zu landen, müssten Sie schon etwas viel Spektakuläreres tun, zum Beispiel dem Kanzler ein Marmeladenbrot ins Gesicht werfen (wozu wir hier auf keinen Fall raten oder aufrufen wollen).

Es sind bestimmte Faktoren, auf die eine Nachrichtenredaktion anspringt: Sie berichtet eher über außergewöhnliche und überraschende Ereignisse als über Routinevorgänge. Sie berichtet eher über Ereignisse, die in der Nähe passieren, als über Ereignisse in weiter Ferne. Sie berichtet eher über die Aktivitäten mächtiger Personen, sogenannter „Elite-Personen", als über die Handlungen einfacher Bürgerinnen und Bürger. Ein weiterer Faktor kann der Schaden oder die Schadenshöhe sein, die irgendwo angerichtet wurden oder eintreten könnten, wobei auch Verletzte und Tote dazu zählen (Juristen sprechen von „Geschädigten"). Der Absturz eines Flugzeugs ist zum Glück ein relativ seltenes und überraschendes tragisches Ereignis, das aber oft viele Opfer zur Folge hat. Zudem fühlen sich die Mediennutzer unsicher und empfinden die Situation gegebenenfalls als bedrohlich: Was war kaputt, was ist schiefgelaufen? Und könnte sich das wiederholen (wenn ich das nächste Mal an Bord bin)? Damit erfüllt ein Absturz die Nachrichtenwerte, die Redaktionen leiten, wenn sie entscheiden, worüber sie berichten und wie umfangreich und intensiv sie dies tun. Ein Flugzeugabsturz mit Toten landet höchstwahrscheinlich in den Nachrichten. Gab es keine Toten und war es nur ein kleines Privatflugzeug mit zwei Insassen, bleiben Beiträge in den überregionalen Medien aus und es berichten allenfalls regionale Medien, die in der Nähe des Absturzortes ihren Sitz haben.

Warum Terrorismus einen hohen Nachrichtenwert hat

Viele Wissenschaftlerinnen und Wissenschaftler sind sich einig, dass die folgenden Eigenschaften einen Anschlag ausmachen und er deshalb schnell seinen Weg in die Medienberichterstattung findet:

- Überraschung, Moment des Unerwarteten, Unvorhersehbarkeit
- Seltenheit
- Konflikt, Kontroverse
- Aggression, Gewalt, Schaden
- Aktualität
- Negativismus, negative Tat, Dramaturgie, Tragödie
- Eindeutigkeit
- Von der Norm abweichendes Verhalten
- Personalisierung (Typologie des Täters, Einzelschicksale der Opfer), „Human interest", gegebenenfalls Identifikation
- Häufig Bezug zu (westlichen) Elite-Nationen oder Elite-Personen
- Intensität
- Zeitliche, örtliche oder / und kulturelle Nähe
- Politische Relevanz
- Folgenreichtum (Ermittlungen, Kosten, Sicherheitsentscheidungen usw.)
- Gegebenenfalls Prominenz (des Anschlagsopfers oder der Gruppe beziehungsweise des Attentäters)

Es zeigt sich: Terrorismus ist ein Extremereignis, das ein Nicht-Publizieren durch die Medien quasi unmöglich macht.

Terrorismus hat generell einen hohen Nachrichtenwert, und die verschiedenen Aspekte, die einen Anschlag berichtenswert machen, können sich wechselseitig verstärken. Terroranschläge liefern das, was für Medien eine Nachricht oder eine „Geschichte" ausmacht. Es sind Ereignisse, von denen so gut wie alle Journalistinnen und Journalisten glauben, dass sie darüber berichten *müssen*. Gabriel Weimann und Conrad Winn haben in ihrem Buch „Theater des Terrors" *(The Theater of Terror)* von einem „erzwungenen

Medienereignis" *(coercive media event)* gesprochen, weil den Medien nichts anderes übrigbleibe, als darüber zu berichten, wenn sie ihrer eigenen Logik folgen und ihren Nachrichtenwerten treu bleiben.

Anschläge erfüllen gleich mehrere Nachrichtenwerte: Sie kommen meist überraschend und richten oft großen Schaden an Menschen und Gegenständen an. „If it bleeds, it leads" – so lautet eine alte, abgeklärt und zynisch klingende Weisheit im Journalismus. Sie bedeutet: Fließt Blut, ist es eine Schlagzeile wert. Gewalt hat einen großen Nachrichtenwert.

Dazu kommen die Verunsicherung in der Bevölkerung und eine Destabilisierung des Staates als weiterer „Schaden". Relevant sind Terroranschläge eben nicht nur aufgrund der Toten und Verletzten, sondern aufgrund ihrer symbolischen Bedeutung als Kampfansage an Staat und Gesellschaft. Sehr viele Menschen sind deshalb betroffen und beunruhigt, also „terrorisiert". Und hat ein Anschlag erst einmal die Schwelle zur Berichterstattung überschritten, dann wird über ihn und seine Folgen auch weiterhin berichtet, beispielsweise darüber, wie es den Familien der Opfer einige Zeit nach dem Anschlag geht, ob die Polizei in ihren Ermittlungen erfolgreich ist oder wie ein Gerichtsprozess abläuft.

News Flash: Terroralarm!
Wer auf seinem Mobiltelefon die Funktion für Push-Nachrichten aktiviert hat, kennt das: News Flash! Der kleine Bildschirm leuchtet auf und zeigt beunruhigende Schlagzeilen: Bombenexplosion in X, Geiselnahme in Y oder Amokfahrer in Z.

Haben solche Eilmeldungen früher zunächst nur Redaktionen erhalten, versandt von Nachrichtenagenturen, deren Meldungen geprüft und weiterverarbeitet wurden, kann heute das breite Publikum umgehend benachrichtigt werden. Auch staatliche Stellen wie die Polizei nutzen die Möglichkeiten der digitalen Massenkommunikation. Beispielsweise versandte die Berliner Polizei 2016 nach dem Anschlag auf den Weihnachtsmarkt am Breitscheidplatz viele Informationen via Twitter. Warn-Apps auf dem Handy sind inzwischen weit verbreitet. Die Behörden und die Medien wollen die Bevölkerung schnell über einen Anschlag informieren, weil sie dies für wichtig halten, und sie wissen, dass das Interesse vieler Menschen an diesen Nachrichten groß ist.

Die Quoten und Reichweiten journalistischer Angebote sind nach spektakulären Gewalttaten in der Regel besonders hoch. Das Interesse wird aber auch durch die Dringlichkeit befeuert, die Medien einer Nachricht beimessen. Eilmeldungen, auffälliges Layout wie fette Schlagzeilen, starke Bilder und Reizwörter – sie tragen dazu bei, die Aufmerksamkeit des Publikums zu gewinnen und für längere Zeit zu halten.

Auch wenn Terroristen ihre Aktionen manchmal ankündigen, lassen sie die Behörden und die Öffentlichkeit selten wissen, wann und wo genau sie zuschlagen werden. Sonst ließen sich ihre Pläne leicht durchkreuzen. Sie setzen auf einen Überraschungseffekt, der sich in Eilmeldungen und in einer Unterbrechung und Umplanung medialer Programme niederschlägt. Im Fernsehen zeigen Sender plötzlich ein sogenanntes Nachrichtenband, auf dem die ersten Meldungen unten am Bildschirmrand verbreitet werden, dann schalten sie zu Korrespondenten, die eilig in die Nähe des Tatorts gekommen sind und von dort ihre Eindrücke schildern. Spezialsendungen werden vorbereitet, das Programm umgeworfen. Die Online-Portale richten „Live-Ticker" ein, in denen die Redaktion in einem langen Strom von Meldungen kleinere und größere Neuigkeiten zu dem Ereignis verbreitet und die Lage immer wieder neu bewertet. Die ersten Reaktionen aus der Politik werden eingefangen und dem Publikum präsentiert. Hier ist die Gefahr groß, dass die Medien die Sprechweisen und das „Labeling" der Politiker übernehmen, beispielsweise, ob von einem „Amoklauf" oder von einem „Terroranschlag" gesprochen wird.

Die Terroristen können sich nun die Hände reiben. Sie haben ihr erstes Ziel erreicht: die Öffentlichkeit in Aufruhr zu versetzen. Die Interessen der Terrorgruppen und die Interessen der Medien ähneln sich in diesem Punkt. Beide zielen auf die Aufmerksamkeit möglichst vieler Menschen. Walter Laqueur hat es im Jahr 1976 zugespitzt: „The media are a terrorist's best friend. The terrorist's act by itself is nothing. Publicity is all."

Freunde? Heißt das, die Medien sind Komplizen? Oder sind sie dem Terrorismus eher hilflos ausgeliefert und eigentlich doch eher Ausführende in einem von bestimmten Werten und Arbeitsroutinen geprägten Medien- und Politiksystem?

Symbiose oder Parasitismus?

In der Forschung haben einige Wissenschaftler das Verhältnis von Terrorismus und Medien beziehungsweise von Terroristen und Journalisten eine „Symbiose" genannt. Den Begriff kennen wir aus der Biologie: Er bezeichnet ein Zusammenleben oder Zusammenwirken unterschiedlicher Tierarten zu ihrem gegenseitigen Nutzen. Tatsächlich sind Terroristen, wie erörtert, Nutznießer der Berichterstattung – und die Medien profitieren in gewisser Weise auch selbst: indem sie Nachrichtenstoff bekommen, der im Publikum auf hohe Nachfrage trifft und ihre Verkaufs-, Klick- und Einschaltzahlen in die Höhe treibt. Bei kommerziellen Angeboten kann sich das direkt im Verkauf niederschlagen. Für Sender und Verlage sind Terroranschläge, will man es hart ausdrücken, gut fürs Geschäft. Dies so zu sagen, ist aber womöglich unfair oder übertrieben. Denn schließlich ist es die Aufgabe des Journalismus, die Öffentlichkeit über wichtige Ereignisse zu informieren, auch über beängstigende. Gäbe es keinen Terror, gäbe es noch genügend andere Nachrichten. Es ist keineswegs so, dass die Medien vom Terrorismus abhängig sind. Zwar bedienen sie, wenn auch ungewollt, die Strategie der Terroristen, Angst und Schrecken zu verbreiten, aber dabei belassen es die Medien ja nicht. Sie kommentieren die Anschläge auch und bewerten die dahinterstehenden Ideologien. Zumindest die großen Medien üben in der Regel, wenn es um Terrorismus „von unten" geht, den wir im dritten Kapitel erläutert haben, starke Kritik, zeigen Verachtung für die Täter und stützen geltende Werte und Normen. Terrorismus gilt als ein Übel. Insofern wirken die Medien in solchen Momenten eher wie Verbündete des angegriffenen Staates, jedenfalls nicht wie Komplizen der Terroristen.

Zudem ordnen die Medien die Anschläge in Kontexte ein und sie geben auch ganz konkret Tipps, beispielsweise wie man sich umsichtig auf großen Veranstaltungen verhält oder wie verstärkte Sicherheitskontrollen hingenommen werden können. Kein Wunder, dass Terroristen in den Medien meist ebensolche Feinde sehen wie in anderen Institutionen. Journalistinnen und Journalisten sind keineswegs Freunde für sie. Daher lässt sich das Verhältnis nicht als symbiotisch, sondern eher als parasitär beschreiben: Terroristen bedienen die Nachrichtenwerte und nutzen gezielt die Mechanismen aus, denen professionelle Medien folgen. Die Medien sind also eher der Wirt, an dem sich der Parasit – vom Wirt ungewollt – bedient.

Medienereignisse in journalistischer Logik

Terroristen folgen ihrer gewaltorientierten Strategie, die Medien ihren eigenen Mechanismen und ihrer eigenen Logik. Da terroristische Drohungen und Anschläge auf die mediale Logik abgestimmt sind, können sie zu Medienereignissen werden. Wir haben schon darauf hingewiesen, dass Terrororganisationen häufig Tatorte auswählen, die ihnen hohe Aufmerksamkeit garantieren. Die Anpassung an die Arbeitsweise der Redaktionen geht manchmal noch weiter: Die linksterroristischen Brigate Rosse (Rote Brigaden) in Italien begingen ihre Anschläge in den 1970er-

Jahren vorzugsweise samstags. Warum? Sie konnten dann damit rechnen, dass die Wochenendzeitungen, die damals besonders hohe Umfänge und Auflagen hatten, ausführlich darüber berichten würden.

Die Forscher Daniel Dayan und Elihu Katz sprechen in ihrem einflussreichen Buch „Medienereignisse" *(media events)* von „gekaperten Ereignissen" *(hijacked events)*. Die Medien und die Öffentlichkeit werden gleichsam zu Geiseln der Terroristen. Als Beispiel führen die beiden Autoren den Anschlag und die Geiselnahme während der Olympischen Spiele 1972 in München an. Terroristen der palästinensischen Organisation „Schwarzer September" waren in das Olympische Dorf eingedrungen und hatten israelische Sportler und Funktionäre entführt. Die Weltöffentlichkeit verfolgte das weitere Geschehen live im Fernsehen – Ausgang offen. Solche Situationen können tatsächlich an eine Theateraufführung erinnern, an eine grausige Show, ein Spektakel vor Publikum. Das Stück in München ging nicht gut aus. Ein Befreiungsversuch der Polizei scheiterte, die Attentäter ermordeten elf Sportler. Das Ereignis ist noch Jahrzehnte später in den Medien präsent: Der Bayerische Rundfunk entwickelte ein aufwendiges Social-Virtual-Reality-Szenario, in dem man das Gelände als Avatar betreten, zeithistorische Aufnahmen ansehen und sich über den Anschlag informieren kann.

Ein Ereignis, das sich über mehrere Stunden oder Tage hinzieht und mehr oder weniger live von TV-Sendern und Online-Medien thematisiert oder sogar direkt übertragen werden kann, ist für Dayan und Katz ein „Medienereignis". Viele Ereignisse und Nachrichten bleiben unter dieser Schwelle. Auch nicht alle terroristischen Aktionen kommen so groß in die Medien wie das Olympia-Attentat, wie 9/11 oder wie 2016 der Anschlag auf einen Weihnachtsmarkt an der Berliner Gedächtniskirche.

Medienereignisse in dem engen Sinne, den Dayan und Katz meinen, haben das Zeug dazu, tagelang Gesprächsstoff vieler Menschen zu sein, sich ins individuelle und kollektive Gedächtnis einzubrennen und in die Geschichte einzugehen. Das Publikum starrt auf die Bildschirme und ist fassungslos. Selbst wenn die Nachrichten über einen Anschlag gerade nichts oder kaum Neues sagen, schaut das Publikum gebannt immer wieder dieselben Bilder an und hört die gleichen Informationen. So jedenfalls erging es vielen am 11. September 2001. Denn solche Szenen hatten die Menschen noch nicht gesehen, und es fiel schwer, das Geschehene zu begreifen. Fast wie in einer Endlosschleife zeigten auch deutsche Fernsehsender die einstürzenden Türme des World Trade Center. Das Problem daran: Sie boten den Attentätern dadurch genau die mediale Bühne, die diese sich erhofft hatten, ohne dass die Ereignisse bereits kontextualisiert und eingeordnet werden konnten.

Medienereignisse dieser Dimension sprechen nicht nur stark die Gefühle des Publikums an, sondern auch Archetypisches. Es geht um Grundfragen des Menschseins wie um klassische Muster des Erzählens oder das automatische Reagieren auf Gefahren und Negatives: Gut gegen Böse, Helden gegen Anti-Helden, Tod und Trauer, Aufbau und Zerstörung, Liebe und Leiden. Über ihre reine Informationsfunktion hinaus kann die Berichterstattung in solchen Situationen fast schon rituelle, das Gemeinschaftsgefühl stabilisierende Funktionen erfüllen und dazu beitragen, dass sich die Gesellschaft ihrer Werte vergewissert. So wie sich Menschen von alters her immer wieder dieselben Märchen und (Schauer-)Geschichten erzählt haben, liegt die Kraft von Medienereignissen darin, dass sie sich nicht in einer schnellen, vergänglichen Berichterstattung erschöpfen, sondern über längere Zeit entfalten und auch später immer wieder als Referenzpunkt in politischen und kulturellen Diskursen dienen. Sie werden, so schlimm das im Falle des Terrorismus klingt, Teil des Symbolhaushalts einer Gesellschaft. In der Wissenschaft verwenden wir für diese Erzählstrategien auch die Begriffe „Narrativ" oder „Mythos", um damit zu beschreiben, wie Journalistinnen und Journalisten auf Geschichten, die in bestimmten Kulturen vorherrschen, Bezug nehmen, um Ereignisse, die vielleicht auch weiter weg geschehen sind, für das Publikum verständlich zu machen.

Terrorberichte als Routine?
Nicht jeder Terrorakt hat die Kraft und ist so erschütternd, dass er zu einem großen Medienereignis wird. Je mehr Anschläge verübt werden, desto eher kann zudem ein Gewöhnungs- und Abstumpfungseffekt eintreten. Die Medien berichten dann fast schon routinemäßig, die einzelnen Taten hallen kaum noch nach. Für Terroristen kommt es demnach darauf an, die Lage immer wieder neu zu bewerten, was manchmal in einer Art Überbietungsspirale und immer spektakuläreren Anschlägen endet.

Von 9/11 war die Öffentlichkeit noch völlig überrascht worden. In vielen Redaktionen musste improvisiert werden, um die sofort einsetzende umfangreiche Berichterstattung leisten zu können. Einige Journalistinnen und Journalisten wuchsen über sich hinaus. In Deutschland erntete beispielsweise Peter Kloeppel, der damalige Moderator der RTL-Nachrichten, viel Respekt, weil er über Stunden hinweg auf Sendung blieb und aus Sicht vieler Menschen zwar ernst und bestürzt, aber zugleich souverän und professionell wirkte. Für ihn und andere Journalistinnen und Journalisten herrschte damals alles andere als Routine, aber gewisse routinierte Abläufe greifen nach einem kurzen Schockmoment automatisch. Maria Konow-Lund, Yngve Benestad Hågvar und Eva-Karin Olsson nennen die drei Phasen „shock, start-up, and transformation". Während es in der Start-up-Phase vor allem darum geht, den Ton des Publikums zu treffen und beispielsweise – anstatt ständig nur die neuesten Polizeimeldungen zu bringen – eine digitale Trauerseite oder Symbolbilder einzurichten, kann es in der Transformationsphase, ausgelöst durch die Krise, zu längerfristigen journalistischen Innovationen kommen, beispielsweise zu einem neuen Live-Studio für den Gerichtsprozess.

Die *Frankfurter Allgemeine Zeitung (FAZ)* zum Beispiel änderte ihr Erscheinungsbild. Sie erschien am 12. September 2001 mit der Schlagzeile „Angriff auf Amerika" und brachte erstmals zwei Fotos auf der Titelseite. Eines zeigte das in Schutt und Asche eingehüllte, zerfallende World Trade Center, das andere den US-Präsidenten George W. Bush. In den Jahren zuvor hatte es fast nie Fotos auf der ersten Seite der *FAZ* gegeben – und wenn, dann allenfalls eines, zum Beispiel zur deutschen Wiedervereinigung. *Der Spiegel* zog seinen Erscheinungstermin, der damals regulär noch montags war, auf den Samstag vor. *Die Zeit,* der *Stern* und etliche Tageszeitungen brachten Extra-Ausgaben heraus. Schon mit dem Bruch ihrer Regeln und Routinen machten sie deutlich: Etwas Besonderes war geschehen.

Viele Redaktionen haben nach 9/11 damit begonnen, sich besser auf die Berichterstattung über terroristische Ereignisse vorzubereiten. Nicht alles ist genau vorher planbar, manches aber schon: Wer koordiniert den Einsatz von Live-Reportern, wer recherchiert Hintergründe, wer hält den Kontakt zum Innenministerium und den Sicherheitsbehörden, welche Einheiten überblicken die Social-Media-Kommunikation und checken relevante Beiträge? Solche Fragen sind zumindest teilweise bereits geklärt, bevor etwas passiert, teilweise werden schnell noch Entscheidungen getroffen, sobald die ersten Nachrichten über einen Anschlag eingehen. Einige größere Redaktionen beschäftigen mittlerweile eigene Terrorismusexperten, die sich auch jenseits einer akuten Lage kundig machen, länger über Terrorgruppen recherchieren und Kontakte in den Sicherheitsapparat aufbauen.

Anders als viele Menschen sich das vielleicht vorstellen, bricht in einem „Newsroom", der Schaltzentrale moderner Redaktionen, nicht unbedingt Hektik oder gar Panik aus, wenn eine Eilmeldung über einen Terroranschlag eintrifft. Systematisch arbeiten die dafür zuständigen Redakteurinnen und Redakteure trotz eigener Betroffenheit einen Arbeitsplan ab, den sie im Kopf haben: Sie rufen Korrespondenten an, planen Beiträge um, räumen Platz auf der Website und in Print-Zeitungen für die neuen Berichte frei, organisieren Spezialsendungen und Live-Schalten. Je größer und ungewöhnlicher ein Anschlag ist, desto mehr Ressourcen werden mobilisiert. Die Chefetage schaltet sich ein, unter Umständen werden Kolleginnen und Kollegen aus dem Nachtschlaf oder dem Urlaub geholt. Es ist einiges los, im Journalismus gehört das aber letztlich zum Geschäft. Solche Situationen kommen zwar nicht täglich vor, aber eben doch immer wieder. Eine Regierung zerbricht, ein Prominenter stirbt unerwartet, ein Wirbelsturm fegt ganze Orte davon – dramatische Ereignisse, die hohen journalistischen Einsatz verlangen, gibt es viele.

Obwohl Nachrichtenjournalismus stets auf Neues und Aktuelles aus ist, sind seine Routinen teilweise vorhersehbar. Die Berichterstattung über Terrorismus und einzelne Anschläge folgt, darauf können Sie auch selbst achten, einem bestimmten Muster und Ablauf. Zunächst berichten die Medien darüber, was eigentlich passiert ist, wie viele Opfer und welche Schäden es gibt. Diese Angaben müssen immer wieder aktualisiert werden, auch viele Details sind anfangs noch nicht bekannt. Erst nach ein, zwei oder noch mehr Tagen erscheinen in einigen Medien, die dafür den

Platz und die nötigen Recherchekapazitäten haben, ausführliche Rekonstruktionen. Was schneller einsetzt, ist die Kommunikation von Politikerinnen und Politikern, von denen manche auch zum Tatort fahren. Daraus ergeben sich weitere Anlässe zur Berichterstattung. Typischerweise werden schon früh von Reportern Augenzeugen oder in der Nähe lebende und arbeitende Personen befragt. Das alles gehört noch zu den ersten medialen Reaktionen.

Im nächsten Schritt wird versucht, mehr über den Hintergrund der Täter herauszufinden. Hat er oder haben sie vielleicht eine Parole gerufen? Gibt es ein Bekennerschreiben oder -video? Zudem werden politische Zusammenhänge hergestellt und Fragen aufgeworfen, wer verantwortlich zu machen oder schuldig zu sprechen ist. Waren zum Beispiel die Sicherheitsmaßnahmen unzureichend? Gab es Ungereimtheiten in der Polizeiarbeit oder in den politischen Maßnahmen im Kampf gegen Terrorismus? Die Wissenschaft widmet sich solchen Verantwortungszuschreibungen mit der sogenannten Attributionstheorie, die danach fragt, wie und warum Menschen Ursachen und Verantwortlichkeiten benennen.

Dazu kommen Beiträge, die der Trauer betroffener Familien und der Verunsicherung in der Bevölkerung Rechnung tragen sollen, beispielsweise durch die Übertragung von Gedenkfeiern oder das Porträtieren von Opfern und ihren Angehörigen. So wird Schritt für Schritt das Repertoire an Darstellungsformen erweitert: von der Eilmeldung zum Live-Ticker und zum ausführlichen Bericht, schließlich zu Reportage, Analyse und Kommentar. Längere Interviews und Essays versuchen, das Geschehen historisch einzuordnen oder einzelne Aspekte, wie den Gebrauch bestimmter Tatmittel (Fahrzeuge, Waffen usw.) oder die Auswahl und Symbolik eines Tatorts, vertiefend zu diskutieren.

Unsichere Lage, trübe Quellen

Vor allem direkt nach einem Anschlag ist vieles noch unklar. Wer genau die Täter sind, was sie vorhatten, welche Ziele sie verfolgen und ob es noch weitere Mittäter gibt, lässt sich oft noch nicht sagen. Auch die Schäden, die Zahl der Opfer oder deren Hintergrund müssen in der Regel erst noch ermittelt werden. Seit einigen Jahren haben sich deshalb Formate etabliert, in denen die Medien versuchen anzugeben, was bereits bekannt ist und was nicht. „Was wir wissen, was wir nicht wissen" ist ein typischer Name für so ein Format. So hatte es beispielsweise die *Süddeutsche Zeitung* nach dem Anschlag in Hanau verwendet.

Worauf beruht eigentlich das Wissen der Journalistinnen und Journalisten? Die meisten Redaktionen berufen sich zunächst auf Nachrichtenagenturen, das sind Medienorganisationen, die darauf spezialisiert sind, möglichst schnell und zuverlässig über neue Ereignisse zu berichten und diese Meldungen an andere Medien zur Nutzung weiterzugeben. In Deutschland ist die dpa (Deutsche Presse-Agentur) die größte und bekannteste Agentur, große Medien abonnieren aber zusätzlich zu dpa-Meldungen oft noch die Angebote weiterer, teilweise internationaler Nachrichtenagenturen, wie Reuters, AFP (Agence France-Presse) und AP (Associated Press). Die Agenturen haben eigene Redaktionen und ein Netz aus Korrespondentinnen und Korrespondenten im In- und Ausland.

Nachrichtenagenturen beobachten nicht nur Ereignisse in der Politik, in Wirtschaft, Kultur und Sport. Sie schauen ständig, was bei der Polizei und den Rettungsdiensten passiert. Zu diesen halten sie engen Kontakt, und sobald etwas Wichtiges passiert, bekommen die Agenturen und eventuell auch weitere Journalistinnen und Journalisten das mit. Allzu viele Quellen gibt es bei einem Anschlag erst einmal nicht, es sind in der ersten Phase der Berichterstattung meist nur wenige aus dieser Liste:

- Sicherheitsbehörden (Polizei, Geheimdienste, Staatsanwaltschaften)
- Rettungskräfte (Feuerwehr, Rettungsdienste, Kliniken)
- Politik (Regierung, z. B. Ministerien, Opposition usw.)
- Wissenschaft (z. B. Expertinnen und Experten für Terrorismus)
- Täter (Terrorgruppe und ihre Verlautbarungen)
- Opfer, direkt Betroffene sowie deren Familien und Rechtsbeistände
- Augenzeuginnen und Augenzeugen
- Bürgerinnen und Bürger (z. B. in der Stadt des Tatorts)
- Kommunikation im Internet (Social Media)
- OSINT *(open source intelligence)* (z. B. Karten, Mobilitäts- und Wetterdaten)

In der Terrorismus-Berichterstattung tauchen vor allem die Polizei und die Politik prominent auf, sie sind häufig auch die Quellen für Informationen, die von den Medien weitergegeben werden. Selbst überprüfen lassen sich viele dieser Angaben anfangs nur bedingt, aber zumindest können Redaktionen versuchen, möglichst viele Quellen aus der aufgeführten Liste heranzuziehen, um sich abzusichern und ein möglichst scharfes Bild zu erhalten. Das sogenannte Zwei-Quellen-Prinzip der journalistischen Recherche besagt, dass ein Sachverhalt von mindestens zwei unabhängigen Quellen bestätigt werden muss. Dennoch bleibt einiges womöglich trüb. Denn auch die genannten Akteure stehen ja meistens selbst erst am Anfang herauszufinden, was passiert ist. Und jede dieser Quellen hat ihre Tücken, ihre Vor- und Nachteile, unter anderem diese: Bei Behörden haben die Medien zwar ein allgemeines Auskunftsrecht, in laufenden Ermittlungen braucht der Sicherheitsapparat aber nicht alles preiszugeben, was die Beamten wissen. Zudem haben Behörden eigene Interessen, die sich auf die Informationen, die sie mitteilen, auswirken können.

Schlimmstenfalls wollen Behörden oder einzelne Beamte etwas verschleiern, das ungünstig auf sie zurückfallen könnte. Nach Terrorlagen kann es kritische Nachfragen vonseiten der Medien oder der Politik geben. Wer wusste wann was? Haben die Polizei und die Geheimdienste etwas falsch gemacht oder falsch eingeschätzt – oder gibt es sogar eigene Verwicklungen, zum Beispiel durch V-Leute (vertrauliche Informanten)? Der Umgang mit den Quellen ist nicht so einfach, und es kann problematisch sein, wenn Redaktionen sich damit zufriedengeben, was ihnen die offiziellen Stellen mitteilen.

Für Politikerinnen und Politiker gilt Ähnliches. In der Regel sind sie gute Zitatgeber für erste Reaktionen auf einen Anschlag und natürlich auch für die politischen Auseinandersetzungen, die in den Tagen danach folgen, beispielsweise zu Verschärfungen von Gesetzen. Auch für die Frage, was im Detail geschehen ist und wer hinter einem Attentat steckt, sind sie wichtige Ansprechpersonen, insbesondere wenn sie über eigene Einblicke verfügen, ob als Minister, Vorsitzende des Innenausschusses oder eines Kontrollgremiums der Geheimdienste. Allerdings beruhen ihre Angaben damit letztlich auch oft auf der Arbeit von Polizei und Geheimdiensten, sie ermitteln ja nicht oder nur eingeschränkt selbst. In funktionierenden Demokratien können aber unter anderem die Vertreterinnen und Vertreter der Opposition wichtige kritische Fragen stellen und Zugang zu Material erlangen, das helfen kann, einen Fall in all seinen Facetten zu erfassen.

Ähnliches gilt für Expertinnen und Experten aus der Wissenschaft, die immerhin eine weitere, von der Politik unabhängige Einschätzung liefern können, zum Beispiel zur Art der Tatbegehung, zur Bedrohungslage insgesamt oder zu den Aktivitäten und der Propaganda einer bestimmten Terrororganisation.

Augenzeugen vom Tatort und Menschen, die direkt von einem Anschlag betroffen waren, können eigene Wahrnehmungen beisteuern und aus erster Hand erzählen. Das ist wertvoll. Allerdings ist es oft nicht sofort möglich und wäre auch nicht zu verantworten, Terroropfer gleich nach einer Tat journalistisch zu befragen – oder sogar während einer Entführung, wie es im Jahr 2000 mit den Geiseln der Terrorgruppe Abu Sayyaf auf der philippinischen Insel Jolo geschah. Die Menschen stehen unter Schock, sind verletzt und haben erst einmal andere Sorgen. Die Aussagen von Augenzeugen beziehen sich zudem nur auf einen Ausschnitt des Geschehens und sind nicht unbedingt fehlerfrei. Wahrnehmungen und Erinnerungen menschlicher Zeugen sind leider unsicherer, als wir denken, das haben juristische und psychologische Studien immer wieder gezeigt. Wer möchte, kann es selbst ausprobieren und eine Gruppe nach einem gemeinsamen Restaurantbesuch fragen, welche Farbe der Pullover der Bedienung hatte. Es ist oft erstaunlich, wie uneinig sich die Gruppe ist und was für eine Vielfalt an Farben genannt wird.

Ein Austausch mit den Drahtziehern eines Anschlags, den Terroristen selbst, ist in der Regel weder möglich noch wünschenswert (Ausnahmen kann es geben). Die Medien können daher allenfalls die Verlautbarungen der Täter, Propaganda-Videos und Bekennerbriefe für ihre Beiträge auswerten, sofern sie Zugang zu ihnen haben. Die Quellenlage ist also insgesamt meist nicht ideal, viele der genannten Schwierigkeiten tauchen allerdings so oder ähnlich auch bei anderen Themen und in anderen journalistischen Kontexten auf. Bei der Berichterstattung über Terrorismus sticht vor allem die große Abhängigkeit von den Informationen aus dem staatlichen Sicherheitsapparat heraus.

Muster in engem Rahmen

Eine mögliche Folge der schwierigen Quellenlage kann ein einseitiges, von der Sichtweise der Behörden geprägtes Bild sein, das die Medien zeichnen. Fallstudien, etwa zu 9/11, kommen zu dem Ergebnis, dass die Darstellungen der großen Medien nicht sehr nuanciert sind, sondern recht schematische Muster verwenden, die möglicherweise aber eine gewisse Sicherheit in Momenten der Unsicherheit geben. So würden einfache „Frames" eingesetzt, also erzählerische Rahmen, die im Deutschen manchmal auch als Deutungsmuster bezeichnet werden. Das können die oben schon im Zusammenhang mit dem Begriff „Medienereignis" genannten Kontraste zwischen Gut und Böse, Helden und Anti-Helden sein. So können auch Feindbilder konstruiert werden, die mit undifferenzierten Frames zusammenhängen und sich in Stereotypen und pauschalen Urteilen zum Beispiel über Muslime äußern, die nach dschihadistischen Anschlägen unter einen Generalverdacht geraten. Es trägt zu dieser einseitigen Wahrnehmung bei, wenn als Quellen nach einem Anschlag beispielsweise keine Personen muslimischen Glaubens interviewt werden. Dann wird über die Berichterstattung ein „Wir sind die Guten, die sind die Bösen-Frame" vermittelt, der die Gräben zwischen den Glaubensrichtungen verstärken kann. Im Englischen spricht man von „us versus them" oder von einer „Ingroup", die sich immer stärker von einer „Outgroup" abgrenzt. Darauf werden wir im Kapitel über Wirkungen der Berichterstattung noch genauer eingehen. Der „Frame"-Begriff ist jedenfalls ein sehr häufig gebrauchtes Konzept, wenn Forscherinnen und Forscher Berichterstattungsmuster analysieren und beschreiben wollen.

Oft versuchen die Medien, in ihren Darstellungen und Deutungsmustern eine Gemeinschaft von friedlichen Bürgerinnen und Bürgern zu zeichnen. Sie verurteilen die Gewalt, appellieren an den gesellschaftlichen Zusammenhalt oder sogar den Patriotismus der Menschen. Jenseits rein nachrichtlicher Informationen transportieren viele Medienbeiträge nach Terroranschlägen entweder subtil oder sogar sehr explizit emotionale Botschaften und politische Wertungen. Manche davon können sehr negative Affekte wie Wut oder Angst auslösen. Eine Studie zu Frames in der Terrorismus-Berichterstattung deutscher Fernsehsender hat ergeben, dass die Übergänge zwischen sachlicher und emotionaler Darstellung fließend sind.

Man braucht dies nicht unbedingt kritisch zu bewerten, es kann sich ja um eine nachvollziehbare Reaktion auf terroristische Angriffe handeln. Allerdings zeigen Analysen auch, dass in der Berichterstattung die nüchterne Analyse von Ursachen und Hintergründen hinter das Emotionale und Appellative sowie die Schilderung der dramatischen Ereignisse zurückfällt. Zudem könnte eine Konzentration auf die Perspektive der Behörden dazu führen, dass die Medien etwaige Fehler und Skandale im staatlichen Handeln oder auch strukturelle Probleme im Sicherheitsapparat ausblenden – so war es beispielsweise im NSU-Fall, als viele Medien die falschen Hinweise, die von der Polizei kamen, unreflektiert übernahmen.

Eine stark patriotische Darstellung kann dazu führen, dass sich die Bürgerinnen und Bürger in Krisenzeiten stärker um die politischen Führer scharen. Das wird auch als *Rallye 'round the flag-Effekt* bezeichnet. So erhöhten sich beispielsweise nach 9/11 die Popularitätswerte für den damaligen US-Präsidenten George W. Bush deutlich. Dass grundsätzlich die Medienberichterstattung die öffentliche Meinung beeinflussen und somit auch Druck auf die Politik ausüben kann, nennt sich (auf das Beispiel des Fernsehsenders bezogen) *CNN-Effekt*.

Boulevardmedien und private Fernsehsender neigen laut Inhaltsanalysen zu stärkerer Dramatisierung als Qualitätszeitungen und öffentlich-rechtliche Sender. Für alle Medien ist jedoch typisch, dass ihre Berichterstattung über Terrorismus durch Schlüsselereignisse geprägt ist. Im Vordergrund stehen einzelne Ereignisse, vor allem Anschläge und ihre unmittelbaren Folgen. In der Forschung wird das mit Shanto Iyengar „episodisches Framing" genannt. Das Gegenteil davon ist das „thematische Framing", das Kontexte und Hintergründe aufgreift, aber viel seltener praktiziert wird. Dementsprechend schnellt die Zahl an Artikeln und Sendungen, die Terrorismus zum Thema haben, nach jedem Anschlag in die Höhe und sinkt rasch wieder ab, sobald über das Ereignis nicht mehr viel Neues zu erfahren ist. Unter Umständen wird an den Fall dann noch einmal aus Anlass eines Gerichtsprozesses oder eines Jahrestages erinnert. Dafür werden zur Illustration auch die Bilder des Anschlags wieder herausgesucht, die bei vielen Menschen länger im Gedächtnis bleiben als die Details eines langen Berichts.

Bilder, Bilder, Bilder

Es sind visuelle Reize, die uns besonders ansprechen, im Guten wie im Schlechten. Bilder können uns in eine gute oder eine schlechte Stimmung versetzen. Die Fotos und Filme von Terroranschlägen lösen oft Furcht, Entsetzen, Wut, eventuell auch Gefühle der Ohnmacht und der Verzweiflung aus. Redaktionen wissen um die Macht der Bilder und setzen sie dafür ein, Beiträge passend und attraktiv zu illustrieren. So auch bei der Berichterstattung über Terrorismus.

Zu den ethischen Problemen, die hier auftauchen, werden wir im übernächsten Kapitel noch kommen. An dieser Stelle wollen wir zunächst nur die große Bedeutung hervorheben, die Bilder in Beiträgen über Terrorismus haben. Überprüfen Sie es an sich selbst: Denken Sie darüber nach, was Sie mit Terrorismus assoziieren und erinnern Sie sich an konkrete Anschläge, die Sie in den vergangenen Jahren als Nutzerin oder Nutzer von Medien mitbekommen haben. Woran genau erinnern Sie sich? Sie werden vermutlich bestimmte Bilder vor Augen haben, vielleicht auch noch die Namen der Städte, in denen es passiert ist. Auf den Bildern zu sehen sind beispielsweise Explosionen oder Autos, die in eine Menge fahren, oder bewaffnete Terroristen, die hektisch herumlaufen, sodann Absperrbänder, patrouillierende Polizisten, brennende Kerzen, abgelegte Teddys und auf Papier gemalte Herzen am Tatort zur Erinnerung an die Opfer.

Solche Bilder prägen unsere Erinnerung und unser Verständnis von Terrorismus. Sie entstehen aber nicht zufällig. Nicht nur, dass es die Terroristen, wie diskutiert, darauf anlegen, „starke" Bilder zu erzeugen, die geeignet sind, die Öffentlichkeit zu schockieren. Die Bilder, die wir im Kopf behalten, wurden zudem von Redaktionen ausgewählt. Diese entscheiden, was sie aus einer Fülle an Fotos und Filmsequenzen veröffentlichen. Damit prägen sie maßgeblich und buchstäblich das Bild, das sich die Menschen und die Gesellschaft vom Terrorismus machen.

Defizite in den medialen Darstellungen

Mängel in der Berichterstattung, die in der Medienkritik zum Thema werden, gibt es viele. Am offensichtlichsten sind falsche Darstellungen von Fakten. Das kann Details zu einem Anschlag betreffen, aber auch entscheidende Aspekte, wie die Zuordnung einer Tat zu einer Terrorgruppe. Wie geschildert, folgten die Medien im NSU-Fall – den Anschlägen von Neonazis, die zehn Menschen umbrachten – den falschen Fährten der Ermittler und taten lange Zeit so, als müsste eine kriminelle Organisation von Ausländern hinter den Morden stecken. Auch wenn kein Medium ausdrücklich behauptet hat zu wissen, wer die Täter waren, waren viele Beiträge aus der Rückschau betrachtet irreführend – und schmerzhaft für die betroffenen Familien der Migranten, die damals, obwohl unschuldig und sogar selbst terrorisiert, als Kriminelle verdächtigt wurden.

Andere Fehler betreffen einzelne Fakten. So verkündete die *Bild*-Zeitung 2024 kurz nach der Amokfahrt eines Mannes auf dem Weihnachtsmarkt von Magdeburg, elf Menschen seien getötet worden. Die Zeitung musste sich später korrigieren. Es waren fünf Tote. Einige Tage später erlag eine weitere Person ihren Verletzungen, dazu kamen viele Verletzte. Andere Medien berichteten vorsichtiger, sprachen anfangs von mindestens einem Toten und aktualisierten die Zahl, sobald ihnen gesicherte Informationen vorlagen. Schlimmer noch als voreilige Verkündungen, wie sie hier von der *Bild* kamen, sind falsche Einordnungen, die auch einen politischen Hintergrund haben können. So wurde von manchen, insbesondere auf Social-Media-Plattformen, nach dem Attentat von Magdeburg über einen islamistischen Tathintergrund spekuliert. Dabei stellte sich heraus, dass der Mann, der in eine Menschenmenge gefahren war, dem Islam den Rücken gekehrt hatte und sich sogar als Islamkritiker darstellte. Das hat eine Politikerin wie Alice Weidel von der AfD nicht daran gehindert, von einer islamistischen Tat zu sprechen. Umso wichtiger sind in solchen Situationen akkurate Informationen der Medien.

In die andere Richtung lenkte die spanische Regierung die Medien bei den Anschlägen vom 11. März 2004 in Madrid. Sie gab der ETA die Schuld, weil ihr das im Vorfeld der anstehenden Parlamentswahlen offenbar förderlich erschien. Tatsächlich jedoch wurden die Anschläge von Al-Qaida-Mitgliedern verübt. Eine Person, die sich als Vertreter der ETA vorstellte, meldete sich bei zwei baskischen Medien, um zu dementieren, dass die ETA für die Anschläge verantwortlich sei.

Wie zuverlässig die Berichterstattung ist, lässt sich aus Sicht des Publikums oft nur schwer einschätzen, weil ihm der Zugang zu den dafür nötigen Quellen fehlt. Manches liegt offen zu Tage oder findet sich mit einigem Aufwand über eine Recherche im Netz. Doch vieles bleibt den meisten Menschen verschlossen – erst recht dann, wenn sich Medien auf vertrauliches Material und anonymisierte Tippgeber berufen. Umso wichtiger ist ein gewissenhaftes, präzises Aufbereiten der Informationen durch die Journalistinnen und Journalisten.

Was dem mitunter entgegenstehen kann, ist einmal mehr die mediale Logik: Beiträge sollen packend sein, eingängig, spannend erzählt. Dieser Hang zu Sensationalismus und „Storytelling", der vor allem für Formen jenseits reiner Nachrichtenberichte zutrifft, muss einer ernsthaften Wahrheitssuche nicht unbedingt zuwiderlaufen. Aus der Medienforschung wissen wir aber, dass die Realität der Medien nicht *die* Realität ist. Sachverhalte werden durch eine bestimmte Brille betrachtet. Oben fiel der Begriff „Framing". Die Medien haben nicht nur eine Vorliebe für griffige Formulierungen, sondern auch für typische Deutungsmuster, die Ordnung in eine scheinbar chaotische und jedenfalls oft unsichere Welt bringen. Deshalb wundert es wenig, dass Kritikerinnen und Kritiker ähnliche Muster und Probleme in der medialen Berichterstattung über Terrorismus erkennen wie bei anderen Themen, etwa in der Berichterstattung über politische Konflikte oder Kriege. Zu den gängigen Kritikpunkten gehören:

- die Konzentration der Medien auf Ereignisse und das geringe Beleuchten von Strukturen und Hintergründen

- das kurzatmige Auf und Ab in der Berichterstattung, die sogenannten „Themenwellen", und das Fehlen einer Kontinuität, die Getriebenheit von einem Ereignis zum nächsten
- Stereotype, zu stark vereinfachende Darstellungen von Tätern und Opfern
- allzu schlichte Einteilungen in Gut und Böse, Freund *(ingroup)* und Feind *(outgroup)*, „us vs. them"
- einseitige, unzureichende Quellenarbeit, zu starke Orientierung an den Behörden
- unsensibler Umgang mit Betroffenen
- starke Dramatisierung, Sensationsgier, effekthascherische Darstellungen, Emotionalisierung, Schüren von Panik und Furcht, Ressentiments und Vorurteilen

Die Kritik an den Medien und die ethischen Herausforderungen, die sich bei der Berichterstattung stellen, werden wir später noch vertiefen. Dafür ist es aber auch wichtig zu wissen, was Medienbeiträge auslösen und anrichten können. Wer verantwortungsvoll berichten will, sollte die möglichen Folgen medialer Entscheidungen einschätzen können. Aus der Forschung haben wir einige Hinweise darauf, welche Effekte die Berichterstattung der Medien haben kann.

Social Media-Inhalte – ein weiteres Informations- und Gefühlsuniversum

Da klassische Massenmedien und journalistische Redaktionen durch das Internet ihr Quasi-Monopol in der öffentlichen Kommunikation verloren haben, prägen nun auch die Illustrationen, Kommentare und Memes auf den Social-Media-Plattformen unser Bild vom Terrorismus. Natürlich sind auch die professionellen Medien selbst auf Social-Media-Plattformen aktiv und selbstverständlich (wie oben beschrieben) ebenso die Terroristen. In diesem Abschnitt soll es aber um Inhalte gehen, die gewöhnliche Bürgerinnen und Bürger produzieren, verbreiten und konsumieren. In der Fachsprache nennen wir diese Inhalte „user-generated content", also nutzergenerierte Inhalte. Die Plattformen, auf denen diese Inhalte stehen, ob Messenger, Videoaustauschdienste oder weitere soziale Medien, nennen wir auch „Intermediäre", weil sie die Inhalte zwischen den Produzenten und Nutzerinnen und Nutzern („Usern") „vermitteln" und die Zuteilung durch Algorithmen steuern. Auf den Plattformen gibt es keine nennenswerten redaktionellen Filter, es herrschen Algorithmen und die individuellen Profile und Kommunikationsmuster der Nutzer. Entsprechend vielfältig, aber auch chaotisch sind die Beiträge, die in großer Geschwindigkeit und enormer Menge entstehen, sobald die ersten Nachrichten über einen Anschlag die Runde machen.

Im Netz lässt sich finden, was seriöse Sender oder Zeitungen aus guten Gründen nicht bringen: Gerüchte, Spekulationen, bloße Behauptungen, Beschimpfungen, grausige Bilder, manipulierte Fotos und gefälschte Filme. Doch nicht alles ist von diesem Kaliber, es gibt auch die andere Seite: einen digitalen Raum für Trauer, Empathie und Solidarität sowie Postings mit interessanten, stichhaltigen Informationen, wichtigen Beobachtungen von Augenzeugen, kenntnisreichen Hinweisen von Experten für Terrorismus oder für Waffen und Sprengstoff. Es gibt nachdenkliche politische Kommentare, hilfreiche Hinweise auf ähnlich gelagerte Fälle aus der Geschichte des Terrorismus. Kurzum: Wie so oft kommt es darauf an, das Wichtige vom Unwichtigen, das Wertvolle vom Wertlosen, das Nützliche vom Schädlichen zu trennen.

Diese Aufgabe haben nun zum einen alle Menschen, die im Internet unterwegs sind und auf deren Geräten entsprechende Beiträge erscheinen und um Aufmerksamkeit buhlen. Sie stellt sich zum anderen den Journalistinnen und

Journalisten, für die digitale Plattformen eine wichtige Quelle und ein wichtiger Ausspielweg sind. Sie können aus dem Internet Informationen ziehen, die sie dann auch ihrem eigenen Publikum zugänglich machen. Außerdem können journalistische Angebote ihrem Publikum dabei helfen, die Social-Media-Kommunikationen einzuordnen, indem sie die Nutzer beispielsweise vor kursierenden Falschnachrichten warnen und die Fakten geraderücken. Das klappt nicht immer, weil sich manche Menschen fast nur noch außerhalb der traditionellen Medienangebote bewegen.

Eine Gefahr liegt nicht nur darin, dass sich mit digitaler Hilfe Desinformation und Verschwörungserzählungen verbreiten. Die Social-Media-Plattformen können wie Terrorverstärker wirken. Bereits klassische Medien stecken ja in dem beschriebenen Dilemma, dass ihre Berichterstattung über Terrorakte einerseits aufgrund der journalistischen Nachrichtenwerte und des Informationsinteresses der Bevölkerung geboten erscheint, andererseits genau durch diese Berichterstattung die Terroristen überhaupt erst eines ihrer Ziele, das Erzeugen von Angst und Schrecken in einer Breitenwirkung, erreichen können. Die Social-Media-Kommunikation verschärft diese Lage, denn dort können sich die Emotionen der Menschen Bahn brechen und der psychologische Terror kann weiter in die Gesellschaft eindringen. Zugleich wächst damit erst recht das Informationsbedürfnis vieler Menschen, die eben nicht nur auf Social-Media-Plattformen unterwegs sind, sondern mit einem Klick oder Wisch zur Online-Ausgabe einer Zeitung oder eines TV-Senders wechseln.

So gesehen ist die Verantwortung des Journalismus in der digitalen Ära eher noch gewachsen, nicht geschrumpft. Zugleich ist er nun selbst einer ständigen Beobachtung ausgesetzt. Was Journalistinnen und Journalisten berichten, wird im Internet gesehen, weitergereicht, kommentiert, auseinandergenommen. Das kann wiederum in problematische Richtungen abdriften – aber immer wieder auch zu vernünftigen Einsichten führen, nicht zuletzt zu Ergänzungen und Korrekturen journalistischer Beiträge, die ja ebenfalls Mängel aufweisen können.

6

Effekte von Mediendarstellungen

Wer darüber nachdenkt, welche Wirkung die mediale Berichterstattung hat, wird schnell zu der Einsicht gelangen, dass sich das pauschal kaum beantworten lässt und es darauf ankommt anzugeben, ob es sich um kurzfristige oder langfristige Effekte handelt, welche Merkmale der Berichterstattung gemeint sind und auf wen oder was und in welcher Situation diese wirken. Wir haben im dritten Kapitel ein Akteurs- und Kommunikationsviereck vorgestellt und gesehen, dass es sich für unser Thema anbietet, vier Gesellschaftsbereiche (Systeme, Sphären) auseinanderzuhalten: den Terrorismus, die Politik, den Journalismus und die Zivilgesellschaft. Wir sprechen in diesem Kapitel die Effekte auf verschiedenen Ebenen in diesen vier Bereichen an und werden danach in einer Zusammenschau noch einmal konkret Konzepte und Theorien der Wirkungsforschung vorstellen.

In den Sozialwissenschaften unterscheiden wir zudem gern zwischen Makro-, Meso- und Mikroebene (Abb. 6.1). Auf der Makroebene liegen die genannten Gesellschaftsbereiche als komplexe, übergreifende Funktionssysteme, auf der Mesoebene die Organisationen innerhalb des jeweiligen Bereichs, zum Beispiel die verschiedenen Medienunternehmen im Journalismus oder die Parteien in der Politik. Auf der Mikroebene liegen Individuen in ihren jeweiligen

© Der/die Autor(en), exklusiv lizenziert an Springer Fachmedien Wiesbaden GmbH, ein Teil von Springer Nature 2026
T. Schultz, L. Rothenberger, *Medien und Terrorismus*, Medienwissen kompakt, https://doi.org/10.1007/978-3-658-50954-5_6

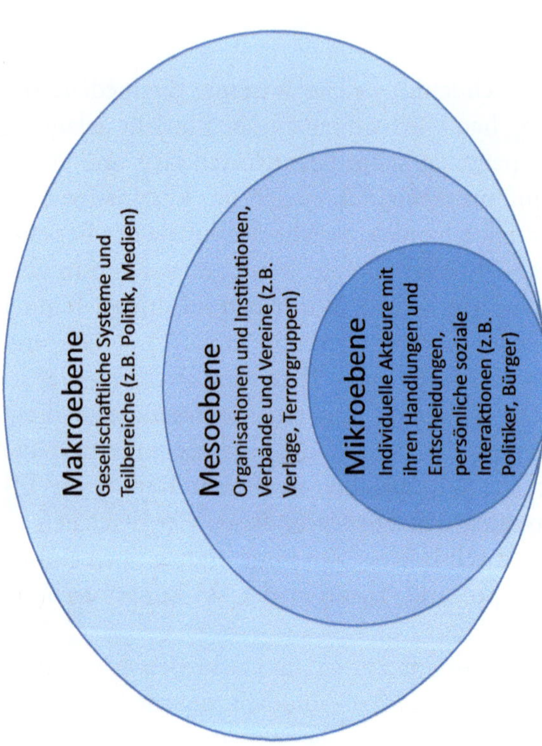

Abb. 6.1 Ebenen der gesellschaftlichen Stratifikation. (Eigene Darstellung)

Rollen, etwa als Journalistinnen und Journalisten oder allgemein als Bürgerinnen und Bürger.

Betrachten wir nun zunächst die vier Bereiche und in ihnen die Ebenen auf mögliche Effekte der Berichterstattung über Terrorismus. Im Anschluss werden wir kommunikationswissenschaftliche Theorien und Begriffe vorstellen, die helfen können, Medienwirkungen zu erfassen und zu erklären.

Im Alarmzustand: die Zivilgesellschaft

Terrorismus kann die Zivilgesellschaft für eine gewisse Zeit in einen Alarmzustand oder sogar in einen Schock versetzen. In der Folge medial vermittelter Bedrohungen und Gewalttaten breiten sich Unsicherheit, Angst und Schrecken aus, eventuell auch länger anhaltende Sorgen, was die Zukunft bringen wird. Wir erinnern uns an den lateinischen Wortursprung, der das Wesen von Terrorismus erfasst: „Terrere" bedeutet jemanden erschrecken, Furcht einflößen. Berichten die Medien prominent, szenisch und sogar reißerisch über Anschläge, sind emotionale Reaktionen naheliegend. Kurzfristig kann es sogar zu Panik in Teilen der Bevölkerung kommen, wenn beispielsweise unklar ist, ob noch immer Täter unterwegs sind. Entsprechende Informationen oder Gerüchte können nicht nur Emotionen und Einstellungen, sondern das Verhalten einzelner Personen beeinflussen und zur Folge haben, dass sie nicht das Haus verlassen, dass sie eine Veranstaltung verschieben oder den Besuch eines Weihnachtsmarkts abblasen. Präferenzen werden überdacht. Durch die Berichterstattung über Terrorismus können Sicherheit und staatliche Sicherheitsmaßnahmen zu einem Anliegen von hoher Priorität werden.

Solche Effekte stellen sich auf der Mikroebene ein, gehen aber selten einheitlich vonstatten. Menschen reagieren unterschiedlich, was mit der Vielfalt ihrer Erfahrungen und

Voreinstellungen zusammenhängt, in unserem Fall auch mit Unterschieden in der Mediennutzung. Denn die Medien berichten trotz wichtiger Übereinstimmungen und Ähnlichkeiten nicht alle gleich – und es ist für mögliche Effekte bedeutsam, ob jemand vor allem die Sensationsberichte einer Boulevardzeitung oder die nüchternen Analysen in einem Wochenblatt liest. Außerdem leben Individuen nicht isoliert, sie sind eingebunden in Familien, Freundeskreise, in diverse Gemeinschaften und Organisationen auf der Mesoebene, die wiederum recht unterschiedlich auf Terrorismus und auf die mediale Berichterstattung reagieren können. Gespräche mit Arbeitskollegen, Großeltern und Freunden, also die interpersonale Kommunikation, spielt hier eine große Rolle in der Meinungsbildung. Häufig gibt es dabei Personen, die ihre Meinung (oder die Meinungen, von denen sie in den Medien gehört haben) stärker vertreten als andere. Deren mediengeprägte Meinung wird von anderen dann wiederum aufgenommen. Die Forschung spricht hier von einem „Two- (oder Multi-) Step-Flow-of-Communication", also von einem Kommunikationsfluss über verschiedene Stufen hinweg, über den Medieninhalte und dort vermittelte Meinungen in die Gesellschaft sickern.

Während ein Fußballverein eine Gedenkminute einlegt, entwickelt sich möglicherweise in einer Online-Community ein digitaler Mob, der sich in einer Mischung aus Ressentiments und Selbstjustiz gegen Menschen richtet, die Merkmale mit den Terroristen teilen, zum Beispiel die Religion oder die Hautfarbe. Experimentalstudien zeigen, dass unterschiedliche Medieninhalte unterschiedliche Kommentare hervorrufen. Aber sind solche Reaktionen überhaupt direkte Wirkungen von Medienbeiträgen? Eher nicht. Es sind Anschlusshandlungen, die auf Emotionen und mentale Zustände folgen. Beiträge über Terrorismus haben diese Emotionen allenfalls ausgelöst oder verstärkt. Auch hier ist demnach Vorsicht geboten, um die Wirkung der Medien nicht zu überschätzen oder allzu pauschal zu fassen. Es sind offensichtlich viele Faktoren, die einen Einfluss darauf haben, wie Menschen und Organisationen auf Terrorismus und dessen Darstellung in den Medien reagieren. In extremen Fällen fühlen sich einzelne Menschen animiert, selbst zur Tat zu schreiten und Anschläge zu verüben – darauf gehen wir später unter dem Stichwort „Contagion Theory" noch genauer ein. Solche Nachahmungstaten sind zwar selten, aber gefährlich und beunruhigend – und ein guter Grund für eine insgesamt zurückhaltende Berichterstattung, die auf drastische Details und auf eine zu präzise, einer Gebrauchsanleitung ähnelnden Schilderung des Tatvorgangs verzichtet.

Grundsätzlich ist es plausibel anzunehmen, dass die Berichterstattung etwas mit den Menschen und mit der Gesellschaft macht. Was genau (und bei wem), hängt nicht zuletzt von der jeweiligen gesellschaftlichen, medialen und individuellen Konstellation ab. Berichten die Medien ausgiebig über Terrorismus und über immer neue oder nicht nachlassende Bedrohungen, ist zu erwarten, dass dies bei vielen Menschen den Eindruck erzeugt, sie lebten in einer äußerst unsicheren Welt, in der eine der Hauptgefahren für ihr Leben vom Terrorismus ausgehe. Das kann eine starke Verzerrung der tatsächlichen Gefahrenlage sein, gemessen an der statistischen Wahrscheinlichkeit, Opfer eines Anschlags zu werden, und verglichen mit der Wahrscheinlichkeit, bei einem Autounfall oder an einem Schlaganfall zu sterben. Natürlich sind solche Vergleiche heikel, weil die Risiken sich addieren und weil Crashs auf der Straße oder Gesundheitsprobleme nun einmal etwas anderes sind als politisch motivierte Morde. Dennoch ist es lohnend, sich als Gedankenexperiment vorzustellen, die Medien würden über jeden schweren Verkehrsunfall genauso intensiv und überregional berichten wie über Attentate. Das gesellschaftliche Verhältnis zur Mobilität, zum Automobil und zum Straßenverkehr würde sich bestimmt verändern. Noch krasser können Vergleiche mit allgemeiner Kriminalität sein: Für Frauen in Deutschland beispielsweise ist das Risiko, durch den eigenen Partner getötet oder verletzt zu werden, um ein Vielfaches höher, als die Gefahr, Opfer eines politisch oder religiös motivierten Terroranschlags zu werden.

Indem viele Menschen in einen Alarmzustand versetzt werden, entsteht eine soziale Dynamik, mit der sich die Einstellungen und Verhaltensweisen, aber auch die Formen des Zusammenlebens wandeln können. Das betrifft viele Aspekte des Sozialen und nicht zuletzt die Politik. So ließ sich nach Attentaten und öffentlichen Debatten über die Bedrohungen durch Terrorismus immer wieder beobachten, dass Bürgerinnen und Bürger neue oder mit größerer Dringlichkeit vorgetragene Forderungen an die Politik richteten.

Unter Druck: die Politik
Die Politik, speziell die Regierung des Landes, in dem ein Terroranschlag verübt wurde, gerät durch Terrorismus unter Druck. Die Medien erzeugen oder verstärken diesen Druck, indem sie beispielsweise die Mängel bei der inneren Sicherheit, etwaige Fehler der Behörden vor, während und nach einem Anschlag thematisieren und indem sie Forderungen aus der Zivilgesellschaft nach besserem Schutz eine Stimme geben. Journalistinnen und Journalisten können die Regierung, einzelne Ministerien oder Behördenleitungen auch direkt unter Druck setzen, durch scharfe Kommentare, Anfragen und Nachfragen bei Pressekonferenzen, kritische Interviews usw.

Terrorismus und seine mediale Darstellung bringen auf der Makroebene das gesamte politische System in Aufregung. Der Routineablauf wird unterbrochen, auf der Meso- und Mikroebene müssen die Akteure umdisponieren, Termine absagen, um zum Beispiel zum Tatort zu fahren. Untersuchungskommissionen werden eingesetzt, Gedenkstunden müssen geplant und gestaltet werden. Der politische Themenhaushalt verändert sich, eine akute Krise muss bewältigt werden. Einige Attentate ziehen sich über längere Zeit hin, zum Beispiel Geiselnahmen. Entscheidungen müssen getroffen werden, etwa zu Verhandlungen mit den Tätern und zum Zugriff von Spezialkräften, zur Absage von Großveranstaltungen oder zur kurzfristigen Verschärfung der Sicherheitsmaßnahmen. Rasch entflammt eine Debatte über mögliche neue Gesetze, in demokratischen Gesellschaften treibt die Opposition die Regierung, stellt Forderungen, unterbreitet Vorschläge für Maßnahmen. Die Medien spielen mit ihrer Recherche, Berichterstattung und Kommentierung bei all diesen Aktionen und Interaktionen eine wichtige Rolle, zugleich versuchen politische Akteure, in die Offensive zu kommen und die Medien für sich und ihre Anliegen strategisch zu nutzen. Manchen kommt das Thema „Terrorismus" vielleicht gerade recht, um sich politisch zu profilieren und von anderen Themen abzulenken, zu denen sie wenig beizutragen hätten oder die sie in schlechtem Licht erscheinen ließen. Dieses Aufspringen auf eine neue Themenwelle nennt man auch „Agenda Surfing", wohingegen der gewöhnliche Versuch der Politik, Einfluss auf die Medienagenda zu nehmen, als „Agenda Building" bezeichnet wird. Es kommt aber auch vor, dass die Medien Themen und Debatten, die von Nutzerinnen und Nutzern im Netz angestoßen werden, aufnehmen.

Nach Anschlägen sind viele Regierungen bemüht, Stärke zu demonstrieren. Das kann sich in markigen Reden niederschlagen, aber auch in Taten, die Entschlossenheit zeigen sollen und teilweise als Akt der Vergeltung zu betrachten sind. Nach 9/11 erklärte der damalige US-Präsident George W. Bush einen „Global War on Terror". Diese Kriegserklärung war mehr als nur Rhetorik, sie führte die USA und etliche ihrer Verbündeten in Kriege im Irak und in Afghanistan. Es ist nicht zu ermessen, wie groß der Anteil der Medien an solchen politischen Entscheidungen ist. Tatsache ist aber, dass der Tenor in vielen Beiträgen nach 9/11 war, dass die USA auf einen solchen schweren terroristischen Angriff und eine solche, weltweit gesehene Demütigung unbedingt mit schwerem Geschütz reagieren müssten.

Die Macht der medialen Bilder und die Rufe nach mehr Schutz und Sicherheit können dazu führen, dass die Politik überreagiert, vielleicht ihre eigenen Normen über Bord wirft und damit selbst dazu beiträgt, die Gesellschaft auseinanderzutreiben und das politische System zu destabilisieren – sicherlich zur Freude der Terroristen, deren Pläne damit zumindest teilweise aufgehen. Überreagieren kann bedeuten, Kriege zu führen, die vielleicht am Anfang noch auf die Zustimmung vieler vom Terrorismus verunsicherter Menschen treffen, die aber schnell unpopulär werden können und die unter Umständen zu noch mehr Leid, noch mehr Unsicherheit, noch mehr Terrorismus führen. Überreagieren kann zudem bedeuten, dass liberale, rechtsstaatliche Demokratien unter dem Eindruck terroristischer Bedrohungen die Freiheits- und Bürgerrechte beschneiden und sie genau das aufgeben, was sie eigentlich auszeichnet und was von vielen Terroristen bekämpft wird: ihre Offenheit und Freiheit.

Solche Überreaktionen in der Politik sind nicht allein ein Effekt medialer Darstellungen. Diese können aber ein Faktor sein. Wie wir diskutiert haben, sind spektakuläre Terrorakte zugleich Medienereignisse, die sowohl die Öffentlichkeit als auch die Politik in Atem halten. Wenig oder nichts zu tun, scheint für Politikerinnen und Politiker in dieser Lage keine Option zu sein. Auch sie sind ereignisgetrieben. Auch sie sehen sich genötigt, Handlungsfähigkeit zu beweisen, und werden darin medial oft bestärkt.

Strategisch und effektreich: der Terrorismus

Da sie es auf öffentliche Wirkung abgesehen haben, beobachten Terroristen die Berichterstattung genau und können durch sie beeinflusst werden. Dass sie sich an die mediale Logik anpassen oder diese ausnutzen, bis hin zur Entscheidung, an welchem Tag und zu welcher Uhrzeit sie ein Attentat ausführen, um damit groß in den Medien zu landen, hatten wir schon beschrieben. Für Terrorgruppen geben die öffentliche Meinung und die mediale Berichterstattung außerdem Hinweise darauf, wo der Staat verletzbar ist, welche Spannungen in der Gesellschaft ohnehin schon herrschen – und schließlich, wie die Terrorstrategie in unterschiedlichen Teilen der Bevölkerung aufgenommen wird. Entsprechend kann eine Gruppe ihre Strategie nach einer Auswertung der Medien neu justieren.

Was die Makroebene betrifft, lässt sich auf Basis der bisherigen Analysen zugespitzt sagen: Der Effekt der Berichterstattung über Terrorismus ist, dass es weiteren Terrorismus geben wird. Obwohl sich in vielen Fällen die Mehrheit der Bevölkerung des Landes, in dem ein Anschlag ausgeführt wird, in Angst und Abscheu abwendet, fühlen sich auf der Mesoebene die Terrororganisationen und auf der Mikroebene einzelne Terroristen und deren Anhänger durch die mediale Resonanz bestätigt und zu weiteren Aktionen ermuntert. Sie sehen bereits im großen Ausmaß der Berichterstattung einen Erfolg. Oft überzeugen und mobilisieren sie damit tatsächlich ihre Sympathisanten, die vor allem in Fällen des internationalen Terrorismus ja nicht nur dort leben, wo ein Anschlag verübt wurde.

Das lässt sich dann im Fernsehen verfolgen: auf der einen Seite trauernde und verunsicherte Menschen, zum Beispiel in England oder in den USA, auf der anderen Seite eine jubelnde Menge, die in einem arabischen Land einen Anschlag feiert. Solche Szenen waren schon häufiger zu sehen – und auch solche Bilder, die bereits auf Effekten der Berichterstattung beruhen, können wiederum einen Einfluss auf die Wahrnehmung der Menschen und deren Perspektive auf Terrorismus haben. Sie können zum Beispiel zu dem problematischen Eindruck und dem pauschalen Vorurteil führen (oder beides verstärken), Muslime würden generell zu Militanz neigen und Gewalt gegen den Westen befürworten.

Auf der Mikro- und Mesoebene können Medieneffekte die Radikalisierung von Menschen, Gruppen und Organisationen bewirken. Das kann so weit gehen, dass sich eine Person durch mediale Darstellungen stimuliert fühlt, selbst aktiv zu werden und einen Anschlag zu verüben, wie wir es bereits für die Anschläge in Halle und Buffalo dargelegt haben. In den vergangenen Jahren waren die Sicherheitsbehörden und auf Terrorismus spezialisierte Journalistinnen und Journalisten immer wieder mit Fällen konfrontiert, bei denen die Radikalisierung erstaunlich schnell erfolgte und zu einem großen Teil auf dem Konsum medialer Inhalte beruhte. Das konnten die Propaganda-Seiten extremistischer Akteure im Internet und ergänzend dazu Medienbeiträge über frühere Anschläge sein.

Für Prozesse der Radikalisierung sind aber nicht nur Medienbeiträge bedeutsam, die sich direkt mit Terrorismus beschäftigen. Potenzielle Terroristen können auch von dem allgemeinen und nicht zuletzt durch die Medien erzeugten Meinungsklima in der Gesellschaft geprägt sein. Ist die politische Stimmung generell aufgeheizt und dominieren scharfe verbale Attacken die öffentlichen Auseinandersetzungen, kann dies Folgen haben und manche Menschen darin bestärken, in Gewalt ein legitimes Mittel zu sehen. Auf Worte folgen Taten, heißt es ja manchmal. Und auch wenn das zum Glück kein Automatismus ist, steckt darin, wie Studien zeigen, durchaus etwas Wahres. Aggressive Debatten und beispielsweise Hetze gegen Migranten und Minderheiten können dazu beitragen, dass zumindest einige Menschen sich ermächtigt sehen, zur Tat zu schreiten und es nicht bei verbalen Angriffen zu belassen, sondern buchstäblich zuzuschlagen.

Unter Selbstbeobachtung: der Journalismus

Dass Medienhäuser sowie Journalistinnen und Journalisten selbst Opfer terroristischer Anschläge werden, kommt leider vor, ist aber eher eine Ausnahme. Anschläge wie jene auf die Redaktion des französischen Satiremagazins *Charlie Hebdo* 2015 nach einer Serie von Mohammed-Karikaturen sind selten. Häufig und gravierend sind dagegen die Effekte, die eine Berichterstattung über Terrorismus auf die Medien selbst hat. Das liegt daran, dass Journalistinnen und Journalisten ebenfalls Medien nutzen und genau verfolgen, was anderswo zu lesen und zu sehen ist. Die Forschung spricht von einer „Ko-Orientierung".

Sogenannte Leitmedien, das sind besonders einflussreiche Angebote (in Deutschland u. a. Sendungen wie die „Tagesschau" sowie große Zeitungen und Portale wie *SZ, FAZ, Zeit, Spiegel*) gehören zu den bevorzugten Quellen nicht nur in der Politik oder den Führungsetagen von Unternehmen, sondern auch in den Redaktionen. Auf diese Weise können sich einige Informationen, Bilder und Deutungsmuster (Frames) rasch im Journalismus und auf dessen Agenda ausbreiten – es geschieht ein „Intermedia-Agenda-Setting".

Auf der Mesoebene ist allerdings auch ein möglicherweise gegenläufiger Mechanismus wichtig: Da die unterschiedlichen Medienorganisationen in Konkurrenz zueinanderstehen, müssen sie sich in mancher Hinsicht voneinander unterscheiden und abgrenzen. Das führt dazu, dass es zwar in einigen inhaltlichen Punkten große Ähnlichkeiten und Übereinstimmungen zwischen journalistischen Angeboten gibt, an anderer Stelle aber versucht wird, eigene Akzente zu setzen und exklusive Zugänge oder Perspektiven auf ein Thema zu finden.

Bei der Frage, ob etwas überhaupt ein wichtiges Thema ist, über das berichtet werden sollte, lässt sich feststellen, dass die Medien auch aufgrund der Nachrichtenwerte, die sie weitgehend teilen, häufig zu ähnlichen Entscheidungen kommen und sich wechselseitig darin befeuern. Das Ergebnis sind regelrechte Medienhypes oder, auf gut Deutsch gesagt, die sprichwörtliche Sau, die durchs Dorf gejagt wird. Es wird dann exzessiv und fast schon obsessiv von nahezu allen Medien über ein Thema oder ein Ereignis berichtet, weshalb sogar der Eindruck entstehen kann, es gäbe gar keine anderen wichtigen Nachrichten mehr. Nach einer gewissen Zeit verlieren Redaktionen dann das Interesse an dem Thema, obwohl viele Fragen und Probleme, die mit ihm zusammenhängen, weiterhin aktuell und jedenfalls nicht gelöst sein mögen. Der Nachrichtenfaktor „Überraschung" fällt weg und das Publikum verliert ebenfalls das Interesse. Die Medienforschung spricht von Themen-Aufmerksamkeits-Zyklen *(issue attention cycles)*, die auch in der Berichterstattung über Terrorismus beobachtet werden können. Die Kommunikationswissenschaft kennt zudem noch weitere Konzepte und Theorien, die nicht nur helfen, die

Merkmale der Berichterstattung zu beschreiben, sondern auch deren Effekte zu erfassen oder sogar zu erklären.

Konzepte und Theorien zur Medienwirkung

Etliche Studien, die Wirkungen journalistischer Beiträge untersuchen, beziehen sich auf politische Themen, zum Beispiel auf die Kommunikation in Wahlkämpfen. Zur Berichterstattung über Terrorismus gibt es dagegen nicht ganz so viele Analysen. Einige Konzepte und Theorien, die an anderem Material entwickelt wurden, lassen sich jedoch recht gut auf unseren Gegenstand übertragen.

Top-Themen erzeugen: Agenda Setting

Der „Agenda-Setting"-Ansatz zählt zu den Klassikern der Medienforschung. Im Einzelnen kann es kompliziert werden, die grundlegende Idee ist jedoch einfach und einleuchtend: Wenn die Medien sehr viel und sehr prominent über ein bestimmtes Thema berichten, werden sehr viele Menschen dieses Thema für wichtig halten. Die öffentliche Agenda, die Liste und Reihenfolge von Themen, mit denen eine Gesellschaft sich beschäftigt und die deshalb auch von der Politik als dringlich wahrgenommen werden, hängt zu einem Gutteil von der Themensetzung in den Medien ab. Dieser Zusammenhang hat sich, wenngleich mit diversen Verfeinerungen, immer wieder in Studien gezeigt. Durch das Internet und die Vielfalt an Medien und deren Nutzung sind die Verhältnisse heute natürlich nicht immer ganz leicht zu erfassen.

Wenn der Agenda-Setting-Ansatz, wofür einiges spricht, im Kern zutreffend ist und er wichtige Wirkungen der Berichterstattung erfasst, bedeutet dies, dass die Medien erheblichen Einfluss darauf haben, ob Terrorismus als Top-Thema in der Gesellschaft gilt. Studien bestätigen, dass ein Zusammenhang zwischen der Menge an Medienbeiträgen und dem Ausmaß der Sorge über Terrorismus in der Bevölkerung besteht. Durch einen Abgleich mit sogenannten Realweltdaten lässt sich auch bewerten, ob die Medien unverhältnismäßig viel oder wenig über Terrorismus berichten, verglichen mit anderen Bedrohungen und anderen Problemen. Die Forscherinnen Liane Rothenberger und Valerie Hase verglichen die Anschläge, über die auf den YouTube-Kanälen von fünf internationalen Nachrichtensendern berichtet wurde, mit den terroristischen Anschlägen, die in einer großen internationalen Datenbank (der „Global Terrorism Database") aufgelistet waren. Tatsächlich berichteten die Medien über nicht einmal ein Prozent der Anschläge. Das zeigt deutlich, welch kleiner Ausschnitt den Mediennutzern nur präsentiert wird und durch welch kleinen Rahmen wir häufig auf die Weltgeschehnisse schauen. Was im eigenen Land oder in Ländern passiert, die zu Recht oder zu Unrecht als besonders wichtig gelten, bekommt sehr viel Aufmerksamkeit – was woanders auf der Welt passiert, wird oft ignoriert.

Deutungen prägen: Framing und Priming

Der Agenda-Setting-Ansatz ist durch das Konzept „Priming" weiterentwickelt worden. Im fünften Kapitel haben wir von Deutungsmustern oder „Frames" gesprochen, durch die ein Thema in den Medien ein charakteristisches Aussehen und eine inhaltliche Rahmung erfährt. Welches sind die Aspekte eines Anschlags, die hervorgehoben werden und zum Beispiel bereits in der Überschrift vorkommen? Welche Aspekte fallen dagegen unter den Tisch oder werden nur am Rande erwähnt? Entscheiden sich viele Medien dafür, ihre Beiträge mit ähnlichen Mustern und Rahmen zu gestalten, kann dies einen Einfluss darauf haben, in welcher Perspektive Menschen das Thema betrachten. Die Annahme des „Priming"-Konzepts ist nämlich, dass die Medien durch die inhaltliche und formale Gestaltung ihrer Beiträge den Blick und die Aufmerksamkeit der Menschen auf bestimmte Merkmale und Aspekte des Themas lenken – und dass diese Schemata dann auch in anderen Kontexten aktiviert werden, um beispielsweise Politikerinnen und Politiker einzuordnen und zu beurteilen.

Betonen die Medien etwa nach einem Terroranschlag durch ihr Framing, dass sich der Staat und die Regierung als schwach und verletzlich gezeigt hätten und es nun darauf ankomme, Stärke zu zeigen, so könnte dies zu einem Kriterium werden, das viele Menschen für ihre Bewertung von Politikerinnen und Politikern einsetzen. Die Art der Berichterstattung über Terrorismus kann damit einen Einfluss auf die politische Meinungsbildung haben, auch wenn es zunächst so aussieht, als würde nur über einen Anschlag berichtet.

Priming-Effekte könnten auch durch täterbezogene, teilweise stereotype oder sogar rassistische Frames entstehen, die auf ethnische oder religiöse Gruppen bezogen werden. Nach den Anschlägen von 9/11 wurden bärtige Menschen, die als Muslime wahrgenommen wurden, womöglich von gar nicht wenigen Menschen skeptisch oder sorgevoll beäugt, weil denen das Aussehen von Al-Qaida-Chef Osama bin Laden und seinen terroristischen Gefolgsleuten unweigerlich in den Kopf schoss, was zu einem gängigen visuellen Framing der Anschläge gehörte. Durch die intensive Berichterstattung über die Terroristen und das Betonen ihrer äußerlichen Merkmale hat es ein entsprechendes Priming gegeben. Das bedeutet, dass die Mediennutzer bärtige Menschen mit dem Thema „Anschlag" in Verbindung brachten und sie somit direkt in einen negativen Kontext stellten, weil negative Schemata aktiviert wurden.

Prominenz küren: Status conferral
Auch wenn die Medien terroristische Anschläge nur erzwungenermaßen auf ihre Agenda setzen (denken wir an Terrorismus als „coercive media event", als zwingendes Me-

dienereignis, über das berichtet werden muss), hat das doch einen Effekt. Sie prägen damit auch die Agenda der Öffentlichkeit und des Publikums, und selbst wenn sie die Terroristen in einem negativen Framing darstellen, verleihen sie diesen durch ihre Schlagzeilen eine gewisse Prominenz. Wer als prominent gilt, entscheidet sich unter anderem durch Präsenz in den Medien, durch viel Platz oder großformatige Bebilderung. Wer regelmäßig in den Medien auftaucht, ob nun höchstpersönlich oder als Objekt der Berichterstattung, wird von vielen Menschen gekannt und erkannt. Prominente verfügen zudem über einen gewissen Status, manche sind richtige Stars oder sogar Superstars. Mit dem Begriff „status conferral" bezeichnet die Kommunikationswissenschaft das Phänomen, dass Medien einen solchen Status verleihen können, indem sie immer wieder über eine Person berichten und sie gleichsam auf einen Sockel stellen.

Möglich ist also, dass einzelne Täter oder Terrorgruppen mithilfe von Medienbeiträgen ebenfalls einen Prominenten-Status erlangen. Dies kann geschehen, wenn intensiv über sie berichtet wird und dabei auch Seiten zum Vorschein kommen, die das Publikum für spannend oder faszinierend hält. RAF-Mitglieder wie Ulrike Meinhof und Andreas Baader wirkten zum Beispiel wie popkulturelle Figuren und bildeten Projektionsflächen für eine Heroisierung. Das kann durch die eigene Inszenierung der Terroristen ausgelöst und befeuert werden, ist zu großen Teilen aber ein Effekt der medialen Vermittlung.

In diesem Kontext zeigt sich der journalistische Hang zur Personalisierung, also zum Hervorheben einzelner Menschen in Beiträgen. Dieser Hang hat seine Gründe. Personalisierte „Geschichten" verkaufen sich oft gut, sie stillen die Neugier des Publikums und dessen Wunsch, nah dran zu sein an der Geschichte. Nichts interessiere den Men-

schen so sehr wie der Mensch – so begründete schon der
Spiegel-Gründer Rudolf Augstein, warum er in seinem Magazin viel Wert auf Porträts und personalisierende Artikel legte.

Der Hang zur Personalisierung und das Phänomen des „Status conferral" ließen sich zum Beispiel auch im NSU-Fall beobachten: Die Terroristin Beate Zschäpe wurde von der Boulevardpresse als „Nazi-Braut" tituliert, ihr Äußeres, etwa ihre langen Haare, auf geradezu penetrante Weise zum Thema gemacht. Sogar Redaktionen wie die *SZ*, die nüchterner berichteten, mussten feststellen: Wann immer Zschäpes Name in einer Überschrift auftauchte, wurde der Beitrag häufiger geklickt als in einer Version ohne ihren Namen.

Andere anstecken: Contagion Theory

Manchmal haben die Medien offenbar einen gewissen, in seiner genauen Größe schwer zu bestimmenden Anteil daran, dass ein Mensch zum Attentäter wird. Wir haben oben schon kurz das Problem der Nachahmungstaten erwähnt, die durch mediale Beiträge ausgelöst werden können. Denn es gibt Menschen, die sich von Darstellungen anderer Taten und Terroristen angestachelt fühlen, es diesen gleichzutun. Die „Contagion theory" beschäftigt sich mit diesem Phänomen. Contagion bedeutet Ansteckung. Hier geht es aber natürlich nicht um Viren und Krankheiten, sondern um soziale Ansteckungseffekte.

Studien haben gezeigt, dass Menschen, die ohnehin schon extreme politische Einstellungen oder radikale religiöse Überzeugungen haben, durch das allgemeine Meinungsklima und durch Medienereignisse, zu denen spektakuläre Anschläge definitiv gehören, zu Taten aktiviert werden können. Unter Umständen wollen sie einem persönlichen Vorbild nacheifern. Hier kämen dann auch das erörterte Phänomen der Glorifizierung oder Heroisierung und ein Prominenten-Status von Terroristen zum Tragen.

Nun wäre es übertrieben und sogar unfair, den Medien eine so große Macht zuzuschreiben, dass sie allein Menschen in Terroristen verwandeln würden. Forscher wie Robert G. Picard, der einen echten Ansteckungseffekt für unbewiesen hält, haben immer wieder davor gewarnt, die Rolle der Medien zu überbewerten. Es sollte auch zwischen Ursachen und Auslösern einer Radikalisierung und eines Tatentschlusses differenziert werden. Die Voreinstellungen der Menschen sind ein zentraler Faktor, die Medien treffen ja im Publikum nicht auf unbeschriebene Blätter. Der Terrorismusforscher Peter Waldmann spricht deshalb von einer eher „katalytischen" Funktion der Medien. Die Berichterstattung kann demnach psychosoziale Prozesse so aktivieren oder beschleunigen, dass sie bei manchen Menschen in konkrete Handlungen münden.

Gut belegt ist ein Nachahmungseffekt, der durch Medienbeiträge über Suizide entsteht, der „Werther-Effekt". Der Name spielt auf Goethes Briefroman „Die Leiden des jungen Werther" an, in dem sich der Held aus Liebeskummer selbst tötet. Der Roman soll nach seinem Erscheinen in der Sturm-und-Drang-Phase des 18. Jahrhunderts etliche Suizide ausgelöst haben. Ähnliches war in späteren Jahrhunderten nach intensiver medialer Berichterstattung über Selbsttötungen erneut zu beobachten. Daraus kann der Schluss gezogen werden, dass auch Berichte über sogenannte Selbstmordattentäter das Potenzial haben, Nachahmungstaten zu provozieren. Ein gehäuftes Auftreten von Flugzeugentführungen, Messerattacken und Fahrzeugen, die in Menschenmengen gesteuert werden, zeigt, dass solche temporären Effekte möglich sind. Dieser Zusammenhang, genauso wie die anderen möglichen Effekte, die wir dargestellt haben, stellen Journalistinnen und Journalisten offensichtlich vor ethische Herausforderungen und Abwägungen.

Angst züchten: Kultivationshypothese

Was passiert, wenn ich mir ständig Gewaltfilme anschaue oder ich immer wieder Berichte über Mord und Totschlag lese? Werde ich dann gleich selbst gewalttätig? Wohl nicht. Ganz ausschließen lässt sich das vielleicht nicht, doch so simpel sind Medienwirkungen selten. Aber lässt mich mein Medienkonsum völlig kalt? Das sicher auch nicht. Es könnte zum Beispiel passieren, dass ich mit der Zeit immer misstrauischer werde oder ängstlicher, dass ich mehr Gefahren wittere, wenn ich in die Stadt gehe. Solche Effekte, die sich erst über einen längeren Zeitraum aufbauen, liegen auf der Linie der „Kultivationshypothese" *(cultivation hypothesis)*, derzufolge Menschen in ihren Vorstellungen von der Welt und auch in ihrem Verhalten durch Darstellungen der Medien – man könnte sagen: durch die Medienrealität – beeinflusst oder sogar geprägt werden.

Die Kultivationshypothese beruht auf Untersuchungen mit Menschen, die im Fernsehen sehr viele Filme und Beiträge über Kriminalität geschaut haben. Die Sendungen könnten bei diesen Menschen ein spezielles Weltbild kultivieren, vor allem die Idee, in einer höchst gefährlichen, kriminellen Welt zu leben. Studien zeigen, dass Menschen, die häufig Medieninhalte zu Gewaltthemen rezipieren, dazu neigen, das Ausmaß und die Gefahren der Kriminalität in einer Gesellschaft zu überschätzen – dies kann auch für den Terrorismus zutreffen. Allerdings ist es schwierig, genau auseinanderzuhalten, was welchen Einfluss hat und welche Faktoren wie zusammenwirken. Denn wie erwähnt sind Menschen ja sozial eingebunden, sie sprechen in ihren Familien und in der Nachbarschaft über die Nachrichten, sie hören Äußerungen aus unterschiedlichen Parteien, von denen manche vielleicht Kriminalität zu einem großen Thema machen wollen, andere dagegen nicht. Und zu allem Überfluss sehen und lesen die meisten Menschen nicht nur journalistische Beiträge, sie schauen Krimis und Thriller, klicken auf Clips mit Verschwörungstheorien im Internet und nutzen alle möglichen Quellen.

In der Wissenschaft ist lange darüber gestritten worden, wie aussagekräftig die Studien, die einen Kultivierungseffekt zu erkennen glauben, wirklich sind. Diesen Streit können wir hier weder vertiefen noch auflösen. Für unser Thema erscheint es aber zumindest nicht abwegig, dass die Medien mit intensiver Berichterstattung über Terrorismus bei Menschen, die solche Beiträge exzessiv rezipieren, Gefühle der Angst und der Unsicherheit kultivieren können. Deshalb ist es wichtig, dass sich die Journalistinnen und Journalisten, die diese Beiträge für die Öffentlichkeit produzieren, der hohen ethischen Anforderungen an ihre Berichterstattung bewusst sind.

7

Ethische Anforderungen

„Was soll ich tun?" Das ist nach einer berühmten Formulierung von Immanuel Kant die Kernfrage der Ethik. Was sollen Journalistinnen und Journalisten und ihre Redaktionen tun – und was sollten sie unterlassen, wenn sie über Terrorismus berichten? Und was sollen wir als Bürgerinnen und Bürger in unserem Gebrauch der Medien tun?

Als der rechtsextremistische Attentäter von Halle im Jahr 2019 versuchte, in Kampfmontur eine Synagoge zu stürmen, und seine Aktion mit einer Helmkamera filmte, stellte die *Bild*-Zeitung anschließend Passagen dieses Videos zur allgemeinen Beschau auf ihre Webseite – und kassierte dafür eine Rüge des Deutschen Presserats. Das ist ein Gremium der freiwilligen Selbstkontrolle im Journalismus, das im „Pressekodex" allgemeine Richtlinien für eine ethisch verantwortungsvolle Berichterstattung aufgestellt hat, an die sich die Branche halten soll. Die Publikation der *Bild* habe gegen den Kodex verstoßen, weil die Zeitung die Dramaturgie des Täters übernommen habe, indem sie seine Vorgehensweise chronologisch vom Laden der Waffen bis hin zu den Sekunden vor und nach den Mordtaten gezeigt habe. Die Darstellung habe überwiegend Sensationsinteressen bedient, urteilte der Presserat in seiner öffentlichen Rüge im Oktober 2020. Wogegen er aber keine Einwände hatte: dass die Zeitung den Namen und ein Foto des

© Der/die Autor(en), exklusiv lizenziert an Springer Fachmedien Wiesbaden GmbH, ein Teil von Springer Nature 2026
T. Schultz, L. Rothenberger, *Medien und Terrorismus*, Medienwissen kompakt, https://doi.org/10.1007/978-3-658-50954-5_7

Attentäters veröffentlichte. Daran habe ein berechtigtes öffentliches Interesse bestanden.

Schauen wir uns den Pressekodex und die Institution des Deutschen Presserats sowie vergleichbarer Organisationen in anderen Ländern kurz an, bevor wir die ethischen Herausforderungen weiter einordnen und diskutieren.

Pressekodex und Redaktionsregeln

Im deutschen Pressekodex gibt es keine Richtlinien, die sich speziell und ausschließlich auf die Berichterstattung über Terrorismus beziehen. Dafür enthält er Grundsätze zum sorgfältigen Arbeiten und betont bereits in Ziffer 1, dass die Medien die Würde des Menschen unbedingt achten sollen. Das ist ein Gebot, das Journalistinnen und Journalisten daran erinnert, dass sie Menschen nicht „benutzen", dass sie deren Schicksale nicht voyeuristisch ausschlachten dürfen, sondern dass sie die Persönlichkeitsrechte eines jeden Menschen gewissenhaft gegen ein mögliches öffentliches Interesse abwägen müssen. Wer andere Menschen zum bloßen Objekt degradiert, darin sind sich unterschiedliche ethische Schulen und die großen Religionen weitgehend einig, handelt unethisch – wie immer man das theoretisch im Einzelnen begründet und bezeichnet, zum Beispiel als Verletzung von Pflichten, die wir anderen gegenüber haben (Pflichtenethik), als Widerspruch zur Nächstenliebe (Christentum) oder als Ignoranz für die Folgen der eigenen Handlungen (Verantwortungsethik).

So heißt es in einer für unser Thema wichtigen Stelle des Pressekodex, in Ziffer 11: „Die Presse verzichtet auf eine unangemessen sensationelle Darstellung von Gewalt, Brutalität und Leid." Das wird näher erläutert in der Richtlinie 11.1: „Unangemessen sensationell ist eine Darstellung, wenn in der Berichterstattung der Mensch zum Objekt, zu einem bloßen Mittel, herabgewürdigt wird." Das erinnert an eine Formulierung, die wiederum vom Philosophen Kant stammt: In seiner Schrift „Grundlegung zur Metaphysik der Sitten" stellte Kant den berühmten „kategorischen Imperativ" der Ethik auf, den er in verschiedenen Versionen formulierte. Eine Version, die Selbstzweck-Formel, geht in heute etwas altertümlich anmutendem Deutsch so: „Handle so, dass du die Menschheit sowohl in deiner Person, als in der Person eines jeden anderen jederzeit zugleich als Zweck, niemals bloß als Mittel brauchst." (Immanuel Kant, 1785)

Was für alle gelten soll, haben natürlich auch die Medien zu befolgen: Sie dürfen Personen nicht ihrer Würde berauben, indem sie Menschen zum Beispiel zur Schau stellen. Als negative Beispiele nennt der Pressekodex Medieninhalte über sterbende oder körperlich oder seelisch leidende Menschen, über die in einer über das öffentliche Interesse hinausgehenden Art und Weise berichtet werde.

Eine weitere, für unser Thema wichtige Vorgabe ist die Richtlinie 11.2: „Bei der Berichterstattung über Gewalttaten, auch angedrohte, wägt die Presse das Informationsinteresse der Öffentlichkeit gegen die Interessen der Opfer und Betroffenen sorgsam ab. Sie berichtet über diese Vorgänge unabhängig und authentisch, lässt sich aber dabei nicht zum Werkzeug von Verbrechern machen." Auch die Medien sollen sich nicht instrumentalisieren lassen. Das erinnert uns an die Strategien von Terroristen, die versuchen, die Medien für ihre Zwecke zu nutzen.

Beschwerden beim Presserat

Im Prinzip kann sich jede Person beim Presserat beschweren, wenn sie den Eindruck hat, eine (digitale) Zeitung oder Zeitschrift habe gegen den Pressekodex verstoßen. Dann prüfen Beschwerdeausschüsse, in denen Vertreterinnen und Vertreter von Verlagen und Journalistenorganisationen sitzen, diesen Vorwurf und entscheiden, ob er aus ihrer Sicht zutrifft. Sie können dem Medium einen „Hinweis" erteilen, eine „Missbilligung" oder, als schärfste Maßnahme, eine „Rüge", die dann vom Presserat veröffentlicht wird und auch von dem Medium, das die Rüge bekommen hat, bekannt gemacht werden soll. Doch in der Realität halten sich nicht alle Medien an diese Regel und verschweigen die Rüge. Bis auf den Image-Schaden, eine Art öffentliches Beschämen, passiert dem Medium nichts. Kritikerinnen und Kritiker halten den Presserat deshalb für einen weitgehend „zahnlosen Tiger". Es handelt sich beim Pressekodex eben nicht um ein Gesetz, sondern nur um eine freiwillige Selbstverpflichtung. Für TV-Programme ist der Presserat formal nicht zuständig, für deren Kontrolle gibt es Rundfunkgremien und Medienanstalten.

Als Organ der Selbstverpflichtung hat der Presserat nicht dieselbe Macht und die scharfen Sanktionsmittel wie ein Gesetzgeber. Das kann man bedauern, sollte aber bedenken, dass Ethik und Recht aus guten Gründen nicht deckungsgleich sind. Im Sinne der Pressefreiheit ist es wichtig, dass ethisch fragwürdige Berichterstattung nur in krassen Fällen, in denen zum Beispiel Persönlichkeitsrechte ohne höherrangiges öffentliches Interesse verletzt werden, rechtlich geahndet werden kann.

Auch in anderen Ländern, wie in Großbritannien, Österreich oder der Schweiz, existieren Presseräte oder vergleichbare Organisationen, die ethische Grundsätze formulieren und deren Einhaltung kontrollieren. Die Konstruktion dieser Gremien unterscheidet sich von Land zu Land, ebenso die Formulierungen der Anforderungen, die an den Journalismus gestellt werden. In den Grundzügen gibt es aber viele Übereinstimmungen. Für die Berichterstattung über Terrorismus laufen sie vor allem darauf hinaus, dass Redaktionen sensationsheischende Beiträge vermeiden, den Schutz von Opfern beachten und die Täter nicht unnötig stark in den Mittelpunkt rücken sollten. Das knüpft gut an die möglichen Effekte an, die wir oben diskutiert haben. So erwähnt der „Journalistenkodex" des Schweizer Presserats explizit auch Terrorismus. Es heißt dort: „Die Grenzen der Berichterstattung in Text, Bild und Ton über Kriege, terroristische Akte, Unglücksfälle und Katastrophen liegen dort, wo das Leid der Betroffenen und die Gefühle ihrer Angehörigen nicht respektiert werden."

Verhaltensregeln und Grundsätze für gutes journalistisches Arbeiten sind nicht nur in den Pressekodizes zu finden. Medienorganisationen wie die BBC in Großbritannien, die internationale Nachrichtenagentur AP oder große deutsche Medien wie *Der Spiegel* haben eigene Redaktionsregeln entwickelt. So hat die BBC in ihren redaktionellen Richtlinien *(editorial guidelines)* ein Kapitel dem Thema „War, Terror and Emergencies" gewidmet. Darin werden allgemeine Vorbehalte gegenüber dem Begriff „Terrorismus" vorgebracht, die wie erwähnt im Fall des Überfalls der Hamas auf Israel dazu führten, dass die BBC darauf verzichtete, die Hamas als Terrororganisation zu bezeichnen. Die Richtlinien enthalten noch etliche weitere Vorgaben, zum Beispiel möglichst keine sicherheitsrelevanten Informationen zu veröffentlichen, die Terroristen helfen könnten, Attentate auszuführen.

Auch die UNESCO hat einen Leitfaden zur Terrorismus-Berichterstattung herausgegeben. Darin werden Journalistinnen und Journalisten unter anderem dazu ermahnt, apokalyptische Sprache zu vermeiden. Außerdem dürften Sicherheits- und Rettungskräfte in ihrer Arbeit nicht behindert werden. Die Medien sollten aufpassen, den Terroristen vor allem in Live-Situationen keine sensiblen Informationen zu geben, mit denen diese eine Polizeimaßnahme vereiteln könnten.

Ebenen und Träger der Verantwortung

Die vorgestellten Regelwerke richten sich an Redaktionen und an einzelne Journalistinnen und Journalisten, die ethisch verantwortlich entscheiden sollen. An den für Journalismus entwickelten Grundsätzen können sich aber auch Bürgerinnen und Bürger orientieren, die ihre eigene Mediennutzung reflektieren wollen. In der Forschung macht man sich zwar wenig Illusionen über die Handlungsspielräume einzelner Menschen, denn Organisationen und Institutionen sind mit ihren Strukturen und Handlungslogiken oft mächtiger. Dennoch existiert nicht nur eine Organisationsethik, sondern auch eine Individualethik. Diese richtet sich an jede einzelne Person mit ihrem Gewissen, ihrer Vernunft, ihrem Herzen.

Wenn scheinbar alle anderen einen Videoclip posten, in dem Terroristen einen Menschen enthaupten, bedeutet dies nicht, es sei unmöglich oder unerheblich, es selbst nicht auch noch zu tun. Schon aus Pietät und aus Rücksicht auf das Opfer und seine Angehörigen ist es ethisch geboten, solchen Videos keine Massenwirkung zu ermöglichen. Die Entscheidung, was veröffentlicht wird und was nicht, tragen letztlich immer einzelne Personen – und in einer Redaktion lohnt es sich durchaus, gegebenenfalls Widerspruch zu äußern, „Nein" zu sagen, andere auf moralisch fragwürdiges Handeln anzusprechen und eine Diskussion zu führen, die auch anderen die Möglichkeit geben kann, Zweifel an der Art zu formulieren, wie über ein Thema berichtet wurde oder berichtet werden soll.

Jenseits dieser individuellen Seite braucht es dann aber tatsächlich eine Verankerung ethischer Prinzipien in Organisationen (Redaktionen), wofür die genannten Regelwerke wichtige Instrumente sind. Einige Medien haben überdies Ombudspersonen oder Publikumsanwälte, an die Beschwerden gehen können. Auf der Systemebene spielen übergreifende Regelwerke wie der Pressekodex eine Rolle, zudem die Medienkritik, die aus der Wissenschaft, der Politik, dem Journalismus selbst (Medienjournalismus) oder aus der Zivilgesellschaft, von Vereinen, Initiativen, Kulturschaffenden und anderen kommen kann.

Eine weitere wichtige Differenzierung betrifft nicht die Seite derjenigen, die kommunizieren, sondern die Seite derjenigen, über die kommuniziert wird, also die Objekte der Berichterstattung. Denn je nachdem, um wen es geht, werden sich die ethischen Anforderungen unterscheiden. Geht es um das allgemeine Publikum und die Gesellschaft insgesamt oder um direkt Betroffene eines Anschlags? Geht es um die Täter oder um die Beamten und Behörden, die ermitteln? Was Redaktionen sowie einzelne Journalistinnen und Journalisten, teilweise auch einzelne Bürgerinnen und Bürger aus ethischer Perspektive in ihrer Kommunikation bedenken müssen, hängt davon ab, welche dieser Akteure in den Blick kommen.

Besonnenheit und Informationstiefe

Für das allgemeine Publikum und die gesellschaftliche Funktion der Berichterstattung kommt es nach allem, was wir dargelegt haben, darauf an, eine Balance zu finden zwischen dem berechtigten Informationsinteresse der Öffentlichkeit auf der einen Seite und dem Durchkreuzen der terroristischen Kommunikationsstrategie, die auf möglichst große Aufmerksamkeit zielt, auf der anderen Seite. Gar nicht über Terrorismus zu berichten erscheint in einer offenen Gesellschaft weder möglich noch verantwortbar. Über Bedrohungen und Anschläge, auch über die dahinterstehenden Organisationen und deren Motive sowie die Ursachen des Terrorismus und mögliche Maßnahmen zur Prävention, muss es einen Austausch und eine Diskussion geben. Dafür sind die Medien da. Das bedeutet jedoch nicht, dass sie selbst Angst und Schrecken erzeugen und sich zu Handlangern der Terroristen degradieren sollten.

Worauf es demnach im Journalismus ankommt: dass besonnen auf Terrorismus reagiert und dem Publikum keine voreiligen, unnötig emotionalisierenden und sensationsheischenden Beiträge angeboten werden, vielmehr Inhalte mit Substanz und Tiefe. Über Anschläge sollten Journalistinnen und Journalisten möglichst sachlich und nüchtern berichten, ohne dabei gefühllos zu werden. Die Dramatik des Geschehens und die Emotionen, die Betroffene haben, müssen sie ernst nehmen. Dem Entsetzen und der Trauer Raum zu geben, ist angemessen. Dafür ist es aber nicht nötig, mit pompöser und pathetischer Musik, rasanten Schnitten und zahlreichen Ausrufezeichen die medialen Beiträge dramatisch aufzumotzen.

Wichtig erscheint darüber hinaus, die Taten sachkundig einzuordnen und ihre ideologischen Hintergründe aufzuklären. Manche nennen das „Kontextualisierung" oder – wie vorhin schon erwähnt – thematisches Framing (im Gegensatz zum ereignisbezogenen episodischen Framing). Das kann beinhalten, die Strategie des Terrorismus zu thematisieren und das Publikum dafür zu sensibilisieren, dass es den Terroristen gerade darum geht, eine Gesellschaft in Angst und Schrecken zu versetzen, Keile in sie zu treiben und eine Stimmung der Wut, der Ohnmacht und der politischen Frustration zu erzeugen.

Sehr wichtig ist es, dass die Medien trotz und gerade wegen der Aufregung, die nach Anschlägen um sich greift, äußerst sorgfältig und präzise arbeiten und dass sie kursierenden Gerüchten, Spekulationen und Falschmeldungen keine Nahrung geben, sondern ihnen sogar entgegenwirken. Sie müssen transparent mit den eigenen Wissenslücken umgehen und sich davor hüten, Informationen zu rasch zu verbreiten. Was wie eine Selbstverständlichkeit klingt, ist in der Praxis gar nicht so leicht einzuhalten, wenn die Erwartung herrscht, so schnell wie möglich so viel wie möglich zu berichten. Und der Konkurrenzdruck ist enorm: Die Nutzerinnen und Nutzer gehen dorthin, wo sie neue Informationen bekommen – auch wenn die noch gar nicht verifiziert wurden. Vor allem Reporterinnen und Reporter, die live berichten, stehen unter Druck. Hier wären oft mehr Mut zum Abwarten und eine gewisse Gelassenheit in den Redaktionen angebracht, so seltsam eine solche Forderung im Angesicht entsetzlicher Taten zunächst anmutet.

Dem Terrorismus können offene Gesellschaften vielleicht am besten mit einer Form von „mürrischer Indifferenz" und „heroischer Gelassenheit" begegnen, so hat das Herfried Münkler einmal ausgedrückt. Das Signal wäre: Der Terror wird uns nicht mürbe machen, er kann uns nichts aufzwingen, er wird uns nicht anstecken und nicht in Panik versetzen. Klar ist aber auch, dass die Öffentlichkeit nicht abstumpfen darf und dass sie die Schicksale und das Leid der Opfer terroristischer Gewalt würdigen muss.

Sensibel berichten, Betroffene schützen

Pietät zu wahren und die Würde der Opfer zu achten, ist wohl das Mindeste, was Medien leisten müssen. Doch selbst das ist in der Praxis keineswegs gesichert. Immer wieder fallen vor allem Boulevardmedien dadurch auf, dass sie auf die Persönlichkeitsrechte von Kriminalitätsopfern pfeifen. Sie zeigen unverpixelt und ohne Einwilligung die Gesichter der Menschen, sie stöbern in deren Privatleben, sie schlachten mit erschreckenden Bildern und Fotos das Leiden aus. Ruchlose Reporter bedrängen Angehörige (früher hieß das „Witwenschütteln"), und manchmal wird Scheckbuchjournalismus betrieben: Mit Geld sollen Zeugen und Familienmitglieder dazu gebracht werden, etwas zu erzählen, was sich wiederum gut medial verkaufen lässt.

In der entsetzlichen, traurigen Lage nach einem Anschlag benötigen viele Betroffene dagegen vor allem dies: Ruhe vor den Medien. Und diejenigen, die sich gegenüber Journalistinnen und Journalisten äußern möchten, ob gleich nach einer Tat oder später, verdienen es, dass ihnen sensibel zugehört wird. Das heißt übrigens nicht, dass den Betroffenen bedingungslos zu folgen wäre und deren Perspektiven ungefiltert übernommen werden können.

Im deutschen Pressekodex heißt es in Richtlinie 4.2: „Bei der Recherche gegenüber schutzbedürftigen Personen ist besondere Zurückhaltung geboten. Dies betrifft vor allem Menschen, die sich nicht im Vollbesitz ihrer geistigen oder körperlichen Kräfte befinden oder einer seelischen Extremsituation ausgesetzt sind, aber auch Kinder und Jugendliche. Die eingeschränkte Willenskraft oder die besondere Lage solcher Personen darf nicht gezielt zur Informationsbeschaffung ausgenutzt werden."

Es gibt durchaus Geschädigte und Angehörige von Opfern, die bewusst an die Öffentlichkeit gehen, weil sie aktiv sein wollen und etwas für das Gedenken und die Aufarbeitung des Verbrechens tun möchten. Das ist aber ihre Entscheidung, sie sollten nicht dazu gedrängt oder gar genötigt werden. Die Identität von Kriminalitätsopfern ist in der Regel zu schützen, darf also nicht ohne Weiteres von den Medien öffentlich gemacht werden. Das sieht nicht nur der Pressekodex aus ethischer Sicht so, die Betroffenen können sich gegebenenfalls auch juristisch gegen übergriffige Reporter wehren. Doch wo kein Kläger, da kein Richter. Wer geht schon zu einem Medienanwalt und legt sich mit einem Boulevardblatt an, wenn man gerade ganz andere Sorgen hat und beispielsweise die eigene Mutter oder der eigene Sohn ermordet worden ist? Die Betroffenen befinden sich in einer Ausnahmesituation. Diese nicht auszunutzen und womöglich ein Trauma zu verstärken oder auszulösen, ist eines der obersten ethischen Gebote in der Berichterstattung über Terrorismus.

Natürlich können auch Journalistinnen und Journalisten selbst Gefahr laufen, eine posttraumatische Belastungsstörung zu entwickeln. Hier sind die Redaktionen an der Reihe: Sie können unter anderem mit Krisentrainings, Sicherheitsprotokollen und Mentoring mit erfahrenen Kolleginnen und Kollegen eine professionelle Vor- und Nachsorge anbieten.

Abscheu, Abstand, Fairness – der Umgang mit den Tätern
Mitgefühl mit den Opfern hat auch Konsequenzen für die Darstellung der Täter. Es kann nämlich aus Perspektive der Opfer unerträglich sein, wenn Täter wie Popstars präsentiert werden, und sei es als Stars des Grauens. Doch nicht nur aus Rücksicht auf die Betroffenen ist es geboten, zurückhaltend in der Präsentation von Terroristen zu sein. Es geht generell darum, ihnen nicht unnötig viel Aufmerksamkeit zu schenken und ihre Strategie, sich als stark und mächtig zu inszenieren, zu durchkreuzen.

Daher sind Interviews mit Terroristen oder Geiseln in der Regel wenig sinnvoll, zu leicht können die Medien dabei zu Propaganda-Helfern werden. Ausnahmen mag es geben, aber sicherlich nicht während eines laufenden Tatgeschehens und auch nicht für Geld, wie bei der Entführung auf der Insel Jolo geschehen. So sieht es auch der Pressekodex vor: Diese Regelung – „Interviews mit Tätern während des Tatgeschehens darf es nicht geben" (Richtlinie 11.2) – ist nach dem Geiseldrama von Gladbeck (1988) in den Kodex aufgenommen worden. Damals ging es zwar nicht um Terroristen, sondern um gewöhnliche Gangster, die nach einem Banküberfall Geiseln genommen hatten. Der Fall ist dennoch für unser Thema interessant: Die Medien begingen damals einen regelrechten Exzess der Berichterstattung. Sie folgten den Kriminellen und belagerten das Fluchtauto in der Kölner Fußgängerzone, wo sich die Gangster festgefahren hatten. Reporter führten Interviews mit den Entführern und den Geiseln, zwei jungen Frauen, von denen eine später erschossen wurde. Die Szenen, noch heute abrufbar, wirken grausam und bizarr – und, was das Verhalten der Journalisten betrifft, völlig verantwortungslos. Zu sehen sind Gangster, die mit ihren Pistolen herumfuchteln, die beiden verängstigten Geiseln und eine Traube aus Reportern und Schaulustigen, die zusammen eine Gemeinschaft der Gaffer bilden. Die Medien hatten hier jedes Maß verloren.

Es fällt den Medien schwer, sich zurückzuhalten, aber gerade für die Berichterstattung über Terrorismus gilt: Weniger ist oft mehr. Weniger ist oft besser. Nicht alles sollte gleich live übertragen werden. Und nicht immer muss eine Drohung an alle Menschen weitergereicht werden.

Nicht einfach ist es zu entscheiden, wann Namen von Terroristen genannt und ihre Gesichter gezeigt werden. In vielen Ländern ist man da recht skrupellos. Wer einen Anschlag begeht, müsse sich eine Identifizierung gefallen lassen, lautet die Argumentation. Dazu kommt, dass im Journalismus ohnehin die Devise gilt, am liebsten Ross und Reiter zu nennen, also Verantwortlichkeiten klar zuzuweisen. Dazu gehört es vor allem im amerikanisch und britisch geprägten Journalismus, die Namen von Straftätern zu veröffentlichen. In Ländern wie Deutschland ist man oft etwas vorsichtiger, hier haben der Datenschutz und die Persönlichkeitsrechte größeres Gewicht. Allerdings nennen auch deutsche Medien immer wieder die Namen von Tätern, die schwere Straftaten begangen haben. Der Pressekodex und das Presserecht haben dagegen auch keine Einwände.

Um eine Mystifizierung oder Heroisierung von Attentätern zu verhindern, kann es dennoch sinnvoll sein, die vollen Namen und das Aussehen nicht öffentlich zu machen. So hat beispielsweise nach dem Terroranschlag von Christchurch im Jahr 2019 die damalige neuseeländische Regierungschefin Jacinda Ardern an die Medien appelliert, den Namen des Täters nicht zu nennen und ihm nicht den Gefallen zu tun, groß über ihn als Person zu berichten. Etliche Medien haben sich daran gehalten; wer es unbedingt wollte, konnte den Namen des Täters dennoch schnell im Internet finden.

Ein ostentativer Verzicht auf den Namen kann seltsam wirken, wenn die Person historisch bedeutsam ist. Es wäre albern, den Namen des langjährigen Al-Qaida-Anführers Osama bin Laden nicht auszusprechen. Ähnliches gilt für Personen wie den RAF-Terroristen Andreas Baader oder die NSU-Terroristin Beate Zschäpe. Dennoch lässt sich Zurückhaltung üben, indem über solche Terroristen zwar namentlich berichtet wird, im Vordergrund aber keine Personality-Storys stehen, sondern eine Kontextualisierung des Terrorismus. Da kann es, vor allem in langen, zur Differenzierung fähigen Beiträgen, durchaus interessant sein nachzuzeichnen, wie die Radikalisierung eines Terroristen ablief und was daraus beispielsweise für die Präventionsarbeit zu lernen ist.

Eine weitere heikle Frage betrifft die Nennung der ethnischen oder nationalen Herkunft. Hier warnt der Pressekodex vor diskriminierenden Effekten und Vorurteilen, erlaubt aber das Nennen bei (mutmaßlichen) Straftätern, wenn es dafür „ein begründetes öffentliches Interesse" gebe. Dieses Interesse kann ja aber unter Umständen auch daher rühren, dass ein politisches Klima herrscht, in dem ständig die Kriminalität mit der ethnischen und nationalen Herkunft verknüpft wird. Gerade bei Fällen von internationalem, ethno-nationalistischem oder religiös motiviertem Terrorismus erscheint es auch tatsächlich für das Verständnis der Tat nicht unerheblich, welcher Herkunft die Täter sind. In anderen Fällen kann diese Information dagegen wenig zur Aufklärung beitragen. Im Journalismus sollte darauf geachtet werden, stets differenziert, ohne Stereotype und ohne unzulässige Verallgemeinerungen über Nationen, Ethnien und Religionen zu berichten. Gerade nach Terroranschlägen sehen sich manche Gruppen sonst schnell einem Generalverdacht ausgesetzt.

Soweit die Täterschaft nicht offensichtlich oder bereits gerichtlich festgestellt wurde, ist Zurückhaltung auch bei den Verdächtigen geboten. Die Medien dürfen niemanden vorverurteilen. Ethische und rechtsstaatliche Prinzipien gebieten es zudem, bei der natürlich erlaubten medialen Kommentierung nicht zu übertreiben. Abscheu vor Gewalttaten ist verständlich, moralische Verurteilung ebenso – aber auch Täterinnen und Täter sind Menschen, die nicht als Tiere oder reine Inkarnation des Bösen dargestellt werden müssen. Auch über Terroristen muss fair berichtet werden. So schwer es manchmal ist, das Maß zu wahren im Angesicht schlimmster Verbrechen: Es wäre doch fatal, wenn es den Terroristen gelänge, die Menschen dazu zu bringen, nun selbst die Prinzipien der Menschlichkeit und der Rechtsstaatlichkeit aufzugeben und sich darin den Terroristen anzupassen. Man denke nur an die US-Regierung, die nach 9/11 in ihrem „Krieg gegen den Terror" mutmaßliche Terroristen foltern ließ. Terror mit Terror zu beantworten – aus politischer Sicht wirkt das unklug, und aus ethischer Sicht ist es schlicht ein Unding.

Nähe und Distanz zu Sicherheitsbehörden

Ohne Kontakt zu Polizei, Staatsanwaltschaften, Innenministerien und gegebenenfalls auch zu Geheimdiensten lässt sich kaum über Terrorismus berichten. Was die Ermittler wissen und was sie sagen, ist relevant. Als Quellen sind sie allerdings, wie wir schon gesehen haben, nicht ganz einfach. Und so ist es auch aus ethischer Perspektive wichtig, dass die Medien sich nicht den Darstellungen der Behörden ausliefern. Sie sollten selbst recherchieren, soweit das eben geht, und den offiziellen Darstellungen mit einem ausreichenden Maß an Misstrauen begegnen – ohne sich dabei zu verrennen, sich selbst als Ober-Ermittler aufzuspielen oder in Verschwörungstheorien ohne solide Grundlage zu ergehen. Es ist ein schmaler Grat zwischen Nähe und Distanz zu den Behörden.

Sogar in einem demokratischen Rechtsstaat wie Deutschland kann man sich nicht immer darauf verlassen (und in autoritär regierten Staaten erst recht nicht), dass die Behörden oder einzelne Beamte alles ehrlich und korrekt darstellen. Selbst wenn das in der Mehrheit der Fälle so sein mag, für den Journalismus und seine Kontrollfunktion kommt es ja gerade auf die Fälle an, bei denen die Behörden zum Beispiel ihr eigenes Versagen zu verschleiern versuchen oder ohne besseres Wissen einen Fehler begangen haben. Und doch braucht es im Allgemeinen ein gewisses Vertrauensverhältnis, um von Beamten überhaupt Informationen zu erhalten, die über die oft dürren Auskünfte in Pressemitteilungen und Pressekonferenzen hinausgehen. Zudem sollte natürlich auch mit Beamten und Behörden fair umgegangen werden. Eine ungerechtfertigte oder stark überzogene Skandalisierung kann die Kehrseite des journalistischen Willens zum Aufdecken von Missständen sein. Wenn sich Journalistinnen und Journalisten in ihrer kritischen Rolle zu sehr gefallen, kann es schnell passieren, dass sie auch hier nicht mehr das richtige Maß in der Berichterstattung finden.

Für viele Menschen, die ausschließlich aus den Medien etwas über Terrorismus und über die Ermittlungen der Polizei erfahren, wäre es wichtig, die Grundlage der Berichterstattung zu verstehen. Teilweise müssen Medien ihre Quellen schützen, aber grundsätzlich ist Transparenz ein weiteres Gebot, dem die Medien folgen sollten: Worauf stützen sich ihre Beiträge, welche Unwägbarkeiten gibt es, wie funktioniert der Sicherheitsapparat, wie laufen die Ermittlungen, wer macht da was? Das Publikum darüber aufzuklären, erscheint hilfreich, um ein richtiges Verständnis für das Thema „Terrorismus" und die Reaktionen des Staates zu entwickeln. Das setzt voraus, dass sich die Medien selbst gut auskennen. Zwar gibt es in großen Redaktionen spezialisierte Journalistinnen und Journalisten, die Kenntnisse der vielen anderen, die als Generalisten auch über Terrorismus berichten, halten sich aber oft in Grenzen.

Filmtipp: „September 5"

Bisher sind wir nicht auf fiktionale Medieninhalte eingegangen, aber „Terrorismus" ist natürlich auch Thema vieler Romane, Serien und Filme. Wie schwierig es ist, ethisch angemessen über einen Terroranschlag zu berichten, zeigt auf eindrucksvolle Weise der Spielfilm „September 5" (2024, Regie: Tim Fehlbaum). Realitätsnah handelt er vom Olympia-Attentat 1972 in München, erzählt aus der Perspektive eines nach München gereisten Teams des US-Fernsehsenders ABC, das sich mit Sport, aber nicht mit Terrorismus auskennt. Im Film müssen wie in der Realität in hohem Tempo und unter großem Erfolgsdruck eine Reihe schwieriger, ethisch relevanter Entscheidungen getroffen werden, etwa zur Frage, was in einer Live-Situation gezeigt werden sollte. In einer Schlüsselstelle erinnert ein Verantwortlicher einen anderen Journalisten daran, worauf es im Fernsehen angeblich immer ankomme: Emotionen. Und ohne hier schon alles zu verraten: Es geht am Ende auch um voreiliges Berichten und um das Verbreiten falscher Informationen.

Hilft „konstruktiver Journalismus"?

Seit einigen Jahren gibt es unter dem Schlagwort „konstruktiver Journalismus" eine Art Bewegung für eine lösungsorientiertere Berichterstattung. Sie betrifft sämtliche Themen, die von den Medien aufgegriffen und bearbeitet werden, vor allem in der politischen Berichterstattung. Terrorismus stand bisher nicht unbedingt im Vordergrund, er ist als Thema aber in mancher Hinsicht prädestiniert für den konstruktiven Ansatz. Stichwörter wie „konfliktsensibel", „konfliktsensitiv", „deeskalierend" und „Friedensjournalismus" weisen auf weitere Ansätze, die in eine ähnliche Richtung gehen wie der konstruktive Journalismus, davon aber in manchen Punkten abweichen. Auf sie soll aber an dieser Stelle nicht weiter eingegangen werden.

Worum geht es im konstruktiven Journalismus? Ausgangspunkt ist die von vielen kommunikationswissenschaftlichen Studien gedeckte Beobachtung, dass die Medien überwiegend Probleme und Konflikte aufgreifen und so bei vielen Menschen Verdruss, Ohnmachtsgefühle und eine teilweise übertrieben negative Wahrnehmung der Welt erzeugen. Dies kann zu Themen- und Nachrichtenmüdigkeit führen und sich auf Einstellungen auswirken. So würden viele Menschen die Erfolge in der medizinischen oder schulischen Versorgung der Weltbevölkerung unterschätzen oder die Bedrohungen durch Kriminelle und Terroristen überschätzen. Dem will der konstruktive Journalismus nicht etwa lauter Positivmeldungen entgegensetzen oder gar die existierenden Übel der Welt beschönigen, indem die Wirklichkeit durch eine rosarote Brille betrachtet wird. Er setzt sich aber dafür ein, nicht ausschließlich Probleme als Nachrichten zu behandeln, sondern auch (mögliche) Lösungen und positive Entwicklungen.

Was kann getan werden? Was wurde bereits geschafft? Wer arbeitet an Lösungen? Was sind gute Beispiele aus anderen Ländern? Welche Maßnahmen könnten helfen? Wer so fragt und darauf Antworten recherchiert, wird sich nicht mehr nur damit beschäftigen, was alles schlecht und schiefläuft, sondern auch mit den Dingen, die funktionieren und gelingen (könnten). Die Medien zeigen dann mögliche Auswege aus einer Krise, präsentieren Vorbilder und gute Beispiele. Solange das nicht ins Missionarische kippt und mögliche Lösungen nicht naiv oder einseitig ausgewählt und dargestellt werden, könnte dies die Medien in eine Richtung führen, die dem Gemeinwohl, dem Engagement und Wohlbefinden zuträglicher ist als die traditionelle Negativberichterstattung.

Bezogen auf den Terrorismus kann das bedeuten, die Bedrohung zu relativieren und die Menschen zu beruhigen, indem die Zahl der Anschläge und Opfer ins Verhältnis zu anderen Gefahren gesetzt wird. Das ist für diejenigen, die von einem Attentat betroffen sind, sicherlich kein Trost, kann aber dazu beitragen, eine von den Terroristen gewünschte Massenfurcht zu verhindern. Geht es um die Betroffenen, kann ein konstruktiver Ansatz Wert darauf legen, die Erinnerungskultur zu begleiten und zu fördern. Die Aktivitäten von Betroffenen, die nicht immer nur als Opfer gesehen werden wollen, können beachtet, die Autonomie und Ermächtigung dieser Menschen gestärkt werden. Konstruktiver Journalismus schaut in die Zukunft: Wer arbeitet an Strategien, um Gebietskonflikte friedlich zu lösen? Welche Treffen zum interreligiösen Dialog stehen an, die jüdische und muslimische Gläubige, nordirische Katholiken und Protestanten zusammenbringen?

Zudem kann konstruktiver Journalismus einen Schwerpunkt darauf legen zu zeigen, wie Prävention gelingt. Welche Programme tragen dazu bei, dass sich Menschen gar nicht erst radikalisieren oder dass sie sich aus den Fängen von extremistischen und terroristischen Gruppen lösen und aussteigen? Einen wichtigen Beitrag könnte zudem die Berichterstattung über Themen leisten, die vordergründig gar nichts mit Terrorismus zu tun haben, die aber an die Wurzel gehen: ob dies nun Konflikte zwischen Religionsgemeinschaften sind und Modelle dafür, wie diese Konflikte für ein friedliches Zusammenleben überwunden werden, oder ob es Bildungsprogramme sind, die helfen, dem Extremismus und der Gewalt den sozialen Nährboden zu entziehen.

Die Macht des Journalismus sollte nicht überschätzt werden, aber vielleicht stimmt es, was der amerikanische Journalist und Journalismus-Dozent Bruce Shapiro einmal gesagt hat: Guter Journalismus könne eine Antwort auf Gewalt sein, eine Alternative zu noch mehr Terror oder zum Missbrauch einer Nation in Panik.

Bewaffnet mit Telefonen – alle tragen Verantwortung

Ethisch gefordert sind nicht nur Journalistinnen und Journalisten. Seitdem fast alle Menschen mit Mobiltelefonen ausgestattet sind, die eine weltweite Kommunikation mit einem potenziellen Massenpublikum erlauben, tragen auch sie Verantwortung für Nachrichten und öffentliche Debatten über Terrorismus. Das Smartphone kann sich selbst in eine Art Waffe verwandeln, mit der unablässig aggressive Botschaften, falsche Informationen und destruktive Witze in die Welt geschossen werden. Jeder Bürger und jede Bürgerin haben nun für ihre eigene (aktive und passive) Mediennutzung ähnliche redaktionelle Entscheidungen zu treffen wie die professionellen Journalistinnen und Journalisten, die damit ihr Geld verdienen.

Was schaue ich mir an? Damit geht es schon los. Wenn Ethik auch Akte der Selbstfürsorge oder, wie manche Philosophen gesagt haben, Pflichten gegen sich selbst einschließt, so ist es unsere Aufgabe, das eigene Wohlergehen nicht durch Bilder und Beiträge zu gefährden, die den Terror zu uns nach Hause und auf unsere Bildschirme bringen. Weltflucht allerdings, das Ausblenden politischer Informationen und aller Nachrichten über Terrorismus – ein Leben in Ignoranz – ist auch nicht das Wahre. Obwohl manche damit gut zu leben scheinen, geht dieser Eskapismus zulasten demokratischer Tugenden und der Möglichkeit, sich für andere zu engagieren oder mit ihnen mitzufühlen. Kurzum: Ethisch betrachtet müssen wir wohl einen Weg finden, uns nicht selbst zu überfordern durch unseren Medienkonsum, uns aber zugleich offen zu zeigen und uns über Vorgänge, die andere und letztlich uns in der Gesellschaft und im Weltgeschehen betreffen, zu informieren.

Demnach könnten Individuen gut beraten sein, die Berichterstattung über Terrorismus zwar zu verfolgen und sich zu informieren, aber aufzupassen, nicht ins „Doomscrolling" überzugleiten und rauschhaft nur noch alles Schlimme und Schreckliche aufzusaugen. Reißerische, oberflächliche und sensationslüsterne Beiträge können gemieden, substanzreiche, nüchterne, erhellende Hintergrundberichte vorgezogen werden.

Der nächste Schritt besteht darin, anderen gegenüber Verantwortung zu übernehmen und darauf zu verzichten, Mitmenschen mit problematischen Beiträgen zu überziehen, ob dies nun journalistische Sensationsberichte, Social-Media-Geraune oder unsolide Behauptungen „alternativer" Medien sind. Bevor er etwas teilt, liked oder weiterleitet, sollte sich jeder Mensch fragen, was für ein Beitrag das eigentlich ist. Von wem stammt er, welche Interessen stehen dahinter, wie korrekt sind die Informationen, wie vernünftig die Meinungen, wie sachlich und fair die Botschaft? Gerade nach Terroranschlägen schwirren im Netz Tausende, ja Millionen problematischer Posts, Reels und Storys herum – mit abwegigen Thesen, blutigen Bildern, seltsamen Gerüchten, hasserfülltem „Humor". Was davon braucht die Welt?

Wer in der Schule das (eventuell fragwürdige) Vergnügen hatte, Latein zu lernen, kennt vielleicht den Spruch „Si tacuisses, philosophus mansisses." Das Zitat wird Severinus Boethius zugeschrieben.

Es bedeutet: Wenn du geschwiegen hättest, wärst du ein Philosoph geblieben. Manchmal ist es wirklich besser, den Mund zu halten – und die Handyfinger still.

Was soll ich tun?

Jede mediale Situation ist mindestens ein bisschen anders und verlangt neue Entscheidungen. Gerade im Journalismus, wo es schnell gehen soll, und in der Social-Media-Kommunikation, in der wir alle innerhalb von Sekunden etwas teilen oder mit Herzchen versehen können, kommt es umso mehr auf einen intakten moralischen Kompass an. Er soll uns davor bewahren, verantwortungslos mit unserer medialen Macht umzugehen, ob in einer journalistischen Redaktion oder in unserem persönlichen Alltag. Wir haben gesehen, dass es einige Regelwerke und Grundsätze gibt, die uns und den Medien helfen können, das Richtige zu tun und das Falsche zu unterlassen – auch wenn sicherlich immer wieder neu darüber gestritten werden kann und darüber gestritten wird, was genau nun das Richtige und das Falsche in einer bestimmten Lage sein soll.

Auch wenn die folgenden Punkte, die wir in Teilen in einem Handbuch zur Terrorismusforschung publiziert haben (nähere Informationen dazu gibt es in den Literaturtipps), mit Sicherheit nicht alles abdecken und sie in konkreten Situationen noch genauer gefasst werden müssen, so bilden sie immerhin einen ersten Leitfaden, um Antworten auf die Frage „Was soll ich tun?" im Geflecht von Terrorismus, Medien, Politik und Zivilgesellschaft (vgl. Abb. 3.1) zu finden:

- Terroristen nutzen die Mechanismen der Medien für ihre Zwecke aus. Journalistinnen und Journalisten, aber auch alle Menschen, die Medien einsetzen, können sich dieses parasitäre Programm bewusst machen und versuchen, den Schaden zu begrenzen, indem sie den Terroristen keine Bühne bieten, sondern unaufgeregt berichten.
- Vorsicht vor Gerüchten. Professionelle Medien sollen seriöse Informationen und Analysen liefern, keine Spekulationen. Ungewissheiten und eine unsichere Quellenlage sollten gegebenenfalls transparent gemacht werden. Aber auch jeder Mensch, der Medien nutzt und aktiv auf Social-Media-Plattformen ist, sollte aufpassen, sich nicht von Gerüchten und Spekulationen verunsichern zu lassen – und diese nicht selbst weiterzuverbreiten.
- Journalistinnen und Journalisten sollen sich nicht selbst in Gefahr bringen, sie dürfen Sicherheitskräfte nicht behindern und sollten auch keine Interviews mit Terroristen während eines Tatgeschehens führen.
- Übermäßige Personalisierung und mögliche Glorifizierung und Heroisierung verhindern: Terroristen keine Selbstdarstellung ermöglichen, zum Beispiel auf (große) Porträtfotos der Täter verzichten.
- Zurückhaltung beim Zitieren von Bekennerschreiben oder dem Zeigen von Tätervideos. Diese können zwar analysiert und für die Berichterstattung genutzt werden, aber in kritischer Distanz zur Inszenierung der Täter. Das Material nicht einfach so weiterverbreiten.
- Verzicht auf reißerische und voyeuristische Überschriften, Bilder und Social-Media-Posts sowie übermäßig dramatisierende Schnitte und Musik – gerade, wenn die Taten selbst erschreckend sind, ist Sachlichkeit gefragt.
- Liefern von Hintergrundanalysen, die die Strukturen und Ursachen des Terrorismus und auch etwaige Defizite

und Fehler der Behörden und der gesellschaftlichen Zustände beleuchten.

- Die Darstellungen von Polizei und Geheimdiensten sollten kritisch hinterfragt werden. Dabei ist zugleich Distanz zu Verschwörungserzählungen nötig. Diese sollten auch nicht zu Zwecken eines spannenderen „Storytelling" verwendet werden.
- Medien sollten ihre Arbeitsweise transparent machen und Ungewissheiten offen einräumen. Sie sollten dem Publikum helfen, die Lage realistisch einzuschätzen und das Handeln der relevanten Akteure, beispielsweise der Behörden, erklären. Dafür sind Fachwissen in den Redaktionen und unter anderem auch juristische Kenntnisse wichtig.
- Perspektive der Opfer und ihrer Familien einnehmen: den Opferschutz beachten, sich Zeit nehmen für die Geschichten der Betroffenen. Ihnen nicht nur unmittelbar nach der Tat ausreichend Raum geben. Dafür sorgen, dass Betroffene durch Medienkontakte und das Interesse der Öffentlichkeit nicht (re-)traumatisiert werden und sie sich nicht instrumentalisiert fühlen.

Würden diese Grundsätze von allen berücksichtigt werden, ließen sich manche der Kommunikationsziele, die die Terroristen mit ihrem Anschlag verfolgen, vielleicht verhindern oder wenigstens einschränken.

8

Fazit und Ausblick

Das Buch hat Ihnen die Verbindung zwischen Medien und Terrorismus aufgezeigt. Medien sind unterschiedlich: Manche haben sich dem Boulevard verschrieben, andere arbeiten investigativ, wieder andere publizieren viele nutzergenerierte Inhalte. Es gibt auch verschiedene Arten von Terrorismus: Terrorismus „von oben" (Staatsterror) und „von unten" (aufständischer Terrorismus). Die Rolle der Medien ist in beiden Formen sehr unterschiedlich. In diesem Buch ging es um die Rolle der Medien in Bezug auf aufständischen Terrorismus. Dieser kann auf unterschiedlichen Ideologien beruhen, unter anderem: sozialrevolutionärer Terrorismus, ethnisch-nationalistischer Terrorismus oder religiöser Terrorismus.

Terrorismus ist gewaltbehaftete Kommunikation. Es gibt keine allgemein akzeptierte Definition von Terrorismus; wir sprechen von Terrorismus, wenn ein Anschlag aus einem politischen oder generell weltanschaulichen Motiv heraus und strategisch geplant verübt oder angedroht wird. Meist steht eine Gruppe hinter dem Anschlag und meist werden symbolische Ziele angegriffen. Das können Menschen sein, die für eine bestimmte Religion, Weltanschauung oder Ethnie stehen, aber auch Gebäude und Landstriche.

Medien berichten über die Anschläge – und meist vor allem über diese überraschenden Ereignisse und insgesamt weniger über Kontexte und Hintergründe. Sie greifen dabei auf unterschiedliche Quellen zurück und müssen aufpassen, den Tätern keine Bühne zu bieten. Denn genau diese mediale Aufmerksamkeit ist das, was die Terroristen wollen.

Medien sind in der digitalen Welt nicht die einzigen, die über Anschläge berichten. Viele Nutzer, Augenzeugen oder Experten klinken sich auf ihren eigenen (digitalen) Ausspielwegen in den Diskurs ein. Besonders gefährlich ist, dass die Terroristen selbst Zugang zu vielen Kommunikationswegen haben: Versuchten sie im 19. Jahrhundert noch vor allem durch Plakate und Flugblätter die Öffentlichkeit zu erreichen, nutzen sie heute eigene Websites oder streamen ihre Taten über entsprechende Dienste und Plattformen und erreichen dadurch eine globale Öffentlichkeit.

Medieninhalte von all diesen Akteuren können den Effekt verstärken, eine möglichst große Welle der Angst und Verunsicherung in weiten Teilen der Bevölkerung auszulösen. Zudem können Personen, die ohnehin schon für bestimmte Ideologien empfänglich sind, noch weiter radikalisiert werden oder sogar auf die Idee kommen, Anschlagsarten nachzuahmen.

All diese negativen Wirkungen sollten Medienschaffende bedenken, wenn sie über Terrorismus berichten. Sie sollten sich fragen, was ethisch vertretbar und verantwortungsvoll ist – für sie persönlich als Individuen (Individualethik), aber auch im Rahmen ihrer Organisation oder Institution (Institutionenethik), und was generell in der journalistischen Zunft erlaubt sein oder als moralischer Verstoß geahndet werden sollte (Berufsethik). Wir haben in Kap. 7 die Richtlinien des Deutschen Presserats, aber auch der BBC angesprochen. Gegen diese Richtlinien haben bereits sowohl Organisationen als auch Individuen verstoßen, was zeigt, wie unterschiedlich der ethische Kompass bei jedem Einzelnen von uns ausschlägt.

Unser Buch konnte nur erste Einblicke vermitteln in das komplexe Verhältnis von Medien und Terrorismus. Von vielen in der Forschung wurde dieses Verhältnis als symbiotisch, besser noch als parasitär beschrieben. Was können die Medien tun, um sich dieses Parasiten zu entledigen oder ihn wenigstens ein wenig abzuschütteln? Sollen sie gar nicht mehr über Terrorismus berichten, um ihm keine Angriffsfläche zu bieten? So einfach ist das nicht: Wie erwähnt, können die Terroristen sehr wohl ohne die Medien Öffentlichkeit herstellen, wenn auch nicht in dem erwünschten Maße. Zudem gilt es als Versprechen und Pflicht guter Medien, die Menschen über alles Wichtige in der Welt zu informieren. Wie könnte dann ein Anschlag mit mehreren Toten ignoriert werden? Das *St. Galler Tagblatt* und die *Luzerner Zeitung* verzichteten nach einem Anschlag im Juni 2017 in London auf eine ausführliche Berichterstattung und publizierten eine graue Seite mit dem Satz: „Im Gedenken an die Opfer des islamistischen Terrors verzichten wir hier auf eine Berichterstattung." Auf der Titelseite erklärte der Chefredakteur in einem Leitartikel die Beweggründe zu diesem Schritt. Die Reaktionen der Leserinnen und Leser waren weitgehend positiv, allerdings können wir vermuten, dass sie sich aus anderen Quellen über den Anschlag informierten. Insofern war diese Art der (nicht stattgefundenen) Terrorismusberichterstattung sicherlich eine gute Aktion, aber kein Rezept, das sich für alle Medien und nach allen Anschlägen umsetzen ließe. Was ist Ihre Meinung, wie Terrorismusberichterstattung aussehen sollte?

Sie haben sich für dieses Thema interessiert und dieses Buch (zumindest in Teilen, hoffen wir) gelesen. Was wird Ihnen im Kopf bleiben? Welche Aspekte und Denkanstöße werden Sie vielleicht in Ihrem (medialen) Alltag weiter begleiten? Wenn wir eine „Take-Home-Message" formulieren dürften, dann diese: Bleiben Sie aufmerksam. Reflektieren Sie die Medieninhalte, die Sie nach einem Anschlag konsumieren (und gegebenenfalls auch produzieren). In welchem Licht werden die Täter präsentiert? Wie die Opfer? Welche Quellen werden genannt und welche Unsicherheiten kommuniziert? Und bevor Sie auf einen „Like"-Button klicken oder ein Video weiterleiten, fragen Sie sich doch gerne, welche Wirkung das haben könnte.

Zum Weiterlesen

Buck, Christian F. (2007). Medien und Geiselnahmen. Fallstudien zum inszenierten Terror. Wiesbaden: VS Verlag.
Buck rekonstruiert am Beispiel einer Geiselnahme auf der philippinischen Insel Jolo das perfide Zusammenspiel zwischen Terroristen, Medien und Politik. Zum Vergleich zieht er weitere Fälle von Geiselnahmen hinzu.

Deutscher Presserat (in Zusammenarbeit mit den Presseverbänden) (1973, derzeit Fassung vom 19. März 2025). Pressekodex. Ethische Standards für den Journalismus. https://www.presserat.de/pressekodex.html
Der Pressekodex enthält publizistische Grundsätze, die auch und gerade auf Terrorismusberichterstattung zutreffen (sollten).

T. Schultz, L. Rothenberger, *Medien und Terrorismus*, Medienwissen kompakt, https://doi.org/10.1007/978-3-658-50954-5

Elter, Andreas (2008). Propaganda der Tat. Die RAF und die Medien. Frankfurt a. M.: Suhrkamp.
Am Beispiel des sogenannten Deutschen Herbstes rekonstruiert Elter die Medienstrategien der „Rote Armee Fraktion" und bettet sie in theoretische Überlegungen zum Verhältnis von Terrorismus und Medien ein.

European Union: EU Terrorism Situation & Trend Report (EU TE-SAT). https://www.europol.europa.eu/ publications-events/main-reports/tesat-report
Der TE-SAT Report der Europäischen Union erscheint jährlich und bietet Zahlen und Fakten zu durchgeführten, gescheiterten und vereitelten Terroranschlägen in der EU.

Frindte, Wolfgang/Haußecker, Nicole (2010). Inszenierter Terrorismus. Mediale Konstruktionen und individuelle Interpretationen. Wiesbaden: VS Verlag für Sozialwissenschaften.
Frindte und Haußecker analysieren Fernsehinhalte über Terrorismus und deren Effekte auf das Publikum, beispielsweise auf die Einstellung zu Muslimen.

Gerhards, Jürgen/Schäfer, Mike S./Al-Jabiri, Ishtar/ Seifert, Juliane (2011). Terrorismus im Fernsehen. Formate, Inhalte und Emotionen in westlichen und arabischen Sendern. Wiesbaden: VS Verlag für Sozialwissenschaften.
Diese Studie vergleicht die Berichterstattung von CNN, Al Jazeera, BBC, ARD und RTL über vier unterschiedliche Anschläge.

Glaab, Sonja (Hrsg.) (2007). Medien und Terrorismus – Auf den Spuren einer symbiotischen Beziehung. Berlin: BMV Berliner Wissenschafts-Verlag GmbH.
Der Sammelband vereint viele verschiedene Perspektiven auf Terrorismus und Medien.

Hoffman, Bruce (2019). Terrorismus. Der unerklärte Krieg. Neue Gefahren politischer Gewalt. Frankfurt am Main: S. Fischer Verlag.
Hoffman stellt die Asymmetrie der Konfliktparteien bei terroristischen Angriffen in den Mittelpunkt und geht auch auf Ideologien, Propaganda und ihre Verbreitungskanäle ein.

Meier, Klaus/Graßl, Michael/Klinghardt, Korbinian/ Körner, Maike/Schützeneder, Jonas (2025). Die Zukunft des Journalismus. Zehn Szenarien für das nächste Jahrzehnt. Wiesbaden: Springer.
Der in der Reihe „Medienwissen kompakt" erschienene Band geht auf die wichtigsten Trends im Journalismus ein, darunter den konstruktiven Journalismus.

Nacos, Brigitte L. (2007). Mass mediated terrorism. The central role of the media in terrorism and counterterrorism. 2. Auflage. New York: Rowman & Littlefield.
Nacos nimmt verschiedene Aspekte der Terrorismus-Medien-Beziehung unter die Lupe und erläutert die Mechanismen an (damals aktuellen) Beispielen.

RESponsible TErrorism COverage (ResTeCo). https:// responsibleterrorismcoverage.org/
Ein Team von Wissenschaftlern aus Deutschland, den Niederlanden und den USA analysiert umfangreiche Datensätze zur Terrorismusberichterstattung und leitet daraus Tipps für die Praxis ab.

Rothenberger, Liane (2021). Terrorismus als Kommunikation. Bestandsaufnahme, Erklärungen und Herausforderungen. Wiesbaden: Springer Nature.
Rothenberger wendet kommunikationswissenschaftliche Theorien auf das Phänomen „Terrorismus" an.

Rothenberger, Liane/Krause, Joachim/Jost, Jannis/Frankenthal, Kira (2022). Terrorismusforschung. Interdisziplinäres Handbuch für Wissenschaft und Praxis. Baden-Baden: Nomos.
Das vorwiegend auf Terrorismusforschung mit Bezug auf Deutschland ausgerichtete Handbuch enthält mehrere Kapitel, die sich mit Terrorismus und Medien, Berichterstattung, Rezeption sowie konfliktsensiblem und konstruktivem Journalismus auseinandersetzen.

Rothenberger, Liane/Hase, Valerie (2024). Biased Social Media Debates About Terrorism? A Content Analysis of Journalistic Coverage of and Audience Reactions to Terrorist Attacks on YouTube. In: Social Media + Society, 10(4). https://doi.org/10.1177/2056305124 1290113
Rothenberger und Hase vergleichen die Berichterstattung über terroristische Anschläge auf YouTube-Kanälen von fünf internationalen Sendern mit den in der Global Terrorism Database (GTD) gelisteten Attacken.

Schmid, Alex P. (2011). The Routledge Handbook of Terrorism Research. London: Routledge.
Ein umfassender Klassiker der Terrorismusforschung, der Definitionen, Theorien, Typologien und Datenbanken aufbereitet, erklärt und einordnet.

Schultz, Tanjev (2017). Nichts ist sicher. Herausforderungen in der Berichterstattung über Terrorismus. In: Karl N. Renner, Tanjev Schultz & Jürgen Wilke (Hrsg.). Journalismus zwischen Autonomie und Nutzwert (S. 99–117). Köln: Halem.
Schultz geht hier auf das Verhältnis von Medien und Terrorismus ein und benennt Vorschläge für die journalistische Praxis zur Berichterstattung nach Anschlägen.

Start (2020). Global terrorism database. https://www.start.umd.edu/gtd/
Die Global Terrorism Database der University of Maryland listet terroristische Anschläge zwischen 1970 und 2020 auf, mit umfangreichen Informationen zum Beispiel zu Tätergruppen und Opferzahlen.

UNESCO (2017). Terrorism and the media. A handbook for journalists. Paris: UNESCO.
Ein umfangreicher Leitfaden für Journalisten und solche, die es werden wollen oder sich für gute Terrorismusberichterstattung interessieren.

Weimann, Gabriel/Jost, Jannis (2015). Neuer Terrorismus und Neue Medien. In: Zeitschrift für Außen- und Sicherheitspolitik, 8, S. 369–388. https://doi.org/10.1007/s12399-015-0493-5
Der Zeitschriftenartikel beschreibt, wie Terroristen Internet und Social Media für ihre Zwecke nutzen.

Waldmann, Peter (2005). Terrorismus. Provokation der Macht. 2., vollständig überarbeitete Auflage. Hamburg: Murmann.
Waldmanns Studie ist ein Klassiker der Terrorismusforschung. Er bietet einen Überblick über die Geschichte und Merkmale von Terrorismus, dessen Strategien und Organisationsformen.

Glossar

Agenda Setting/Agenda Building Vorgang des öffentlichen „Auf die Tagesordnung"-Setzens von Themen – kann von den Medien, der Politik oder den Nutzern ausgehen.

Anarchismus Politische Ideologie, die ihren Ursprung im 19. Jahrhundert hat und nach der Menschen ohne jegliche Form der Herrschaft zusammenleben sollen.

Anāshīd Religiöse, eingängige Gesänge, mit denen Muslime ihren Glauben bekräftigen.

Ansteckungseffekt/Contagion effect Beschreibt den Effekt von Terrorismusberichterstattung auf Nachahmungstaten.

Deutscher Herbst Bezeichnet den Herbst 1977 in der BRD, der geprägt war von linksextremistischer Gewalt (der RAF), unter anderem der Entführung Hanns Martin Schleyers.

Deutscher Presserat Organ der freiwilligen Selbstkontrolle der Print- und Onlinemedien in Deutschland, das sich unter anderem um die Einhaltung ethischer Standards im Journalismus kümmert.

© Der/die Herausgeber bzw. der/die Autor(en), exklusiv lizenziert an Springer Fachmedien Wiesbaden GmbH, ein Teil von Springer Nature 2026
T. Schultz, L. Rothenberger, *Medien und Terrorismus*, Medienwissen kompakt, https://doi.org/10.1007/978-3-658-50954-5

Dschihadismus Eine extremistische Form des Islamismus, die religiöse Quellen so auslegt, dass sie Kampf und Terrorismus gegen Nicht-Muslime befürworten.

Elitequelle Quelle beziehungsweise Zitatgeber in der journalistischen Berichterstattung mit hohem (Experten-)Status wie Politiker, Wissenschaftler oder Vertreter von Wirtschaftsunternehmen.

Ethno-Nationalismus Bestrebung von Angehörigen einer bestimmten Ethnie, die Zugehörigkeit zu dieser als Grundlage für einen souveränen Staat anzusehen.

Framing Rahmung der Berichterstattung durch Hervorheben bestimmter Aspekte eines Themas.

Individualethik Setzt sich mit den ethischen Ansprüchen und Entscheidungen einzelner Personen auseinander.

Institutionenethik Stellt die ethische Verantwortung und das Handeln von Institutionen in den Mittelpunkt.

Konstruktiver Journalismus Eine Form der Berichterstattung, die auf Lösungsansätze ausgerichtet ist und vor allem am Ende eines Medienbeitrags die Fragen „Und was nun? Wie könnte eine Lösung aussehen und wer arbeitet daran?" beantwortet.

Kultivationshypothese/Kultivierungsthese Sie besagt, dass vor allem Vielseher in ihrer Weltsicht von Medieninhalten beeinflusst sind.

Lone Wolf Ein ohne direkte Einbindung in eine Gruppe handelnder Einzeltäter.

Murals Bilder bzw. gemalte Kunstwerke auf (öffentlichen) Wänden.

Nachrichtenwert Eigenschaften, die ein Ereignis oder Thema auf sich vereint und nach denen Journalisten beurteilen, ob sie es für berichtenswert halten.

Narrativ Erzählung oder kulturelle Rahmung, der eine Deutung zugrunde liegt, die an eine bestimmte Kultur oder Zeit gebunden ist.

Pressekodex Sammlung von ethischen Regeln und Prinzipien im Journalismus; er wird vom Presserat erstellt und in unregelmäßigen Abständen überarbeitet.

Priming Schema (oft gelernt durch Konsum von Medieninhalten), das für Einstellungen und Entscheidungen aktiviert wird.

Rallye 'round the flag Stärkere Unterstützung der politischen Führung eines Landes während oder nach Krisenzeiten.

Régime de la terreur „Schreckensherrschaft" der radikalen Jakobiner zur Zeit der französischen Revolution mit Hinrichtungen und Massakern.

Status Conferral Aufmerksamkeit und Statuszuschreibung, die einer Person oder Gruppe dadurch zuteilwerden, dass Medien über sie berichten.